# 唤 醒

提升员工和团队
动力与绩效的教练指南

黄学焦 李宁 汪慧 —— 著

---

# COACHING GUIDE
## for
# EXTRAORDINARY LEADERS

机械工业出版社
China Machine Press

## 图书在版编目（CIP）数据

唤醒：提升员工和团队动力与绩效的教练指南 / 黄学焦，李宁，汪慧著 . -- 北京：机械工业出版社，2022.8
ISBN 978-7-111-71136-0

I. ①唤… II. ①黄… ②李… ③汪… III. ①企业管理–人力资源管理 IV. ①F272.92

中国版本图书馆 CIP 数据核字（2022）第 113972 号

## 唤醒：提升员工和团队动力与绩效的教练指南

出版发行：机械工业出版社（北京市西城区百万庄大街 22 号 邮政编码：100037）

责任编辑：李文静　　　　　　　　　　　　　　责任校对：马荣敏
绘　　画：肖　晓　　石雨鑫
印　　刷：三河市国英印务有限公司　　　　　　版　　次：2022 年 8 月第 1 版第 1 次印刷
开　　本：170mm×230mm　1/16　　　　　　　印　　张：14.75　　插　　页：1
书　　号：ISBN 978-7-111-71136-0　　　　　　定　　价：79.00 元

客服电话：（010）88361066　88379833　68326294　　投稿热线：（010）88379007
华章网站：www.hzbook.com　　　　　　　　　　　　读者信箱：hzjg@hzbook.com

版权所有·侵权必究
封底无防伪标均为盗版

杰克·韦尔奇曾说：

"每一位领导者首先是一位教练，伟大的领导者是伟大的教练。"

我们认为：

"伟大的教练是生命的唤醒者。"

———

推荐序一 | FOREWORD |

## 中国高管及团队教练①的探索

我在辅导很多创业者和企业家的过程中,曾多次主动找到黄学焦老师,向他请教关于国内外高管及团队教练的应用问题,得到了他很多的建议和指导。如今,看到黄老师及其同事将自己的实践经验整理成册并出版,我感到非常欣慰和高兴。中国的高管及团队教练又多了一本既基于西方的教练理论和系统实践,又带有强烈本土化色彩的教练专著。

由于历史原因和人才供给方面的问题,加上中国企业家本身的多元化,使中国企业管理者这个群体在经营企业时面临的挑战远多于西方国家。进入 21 世纪后,新一代中国创业者和企业家的起点越来越高,受教育和创业的环境越来越完善,但企业管理所面临的问题并没有随之减少。于是,辅导或支持创业者和企业家就变得越来越具有挑战性。例如我经常辅导的一位创业者,毕业于清华大学和哈佛大学,在世界知名投资公司和行业头部企业都工作过,后来自己独立创业做CEO。他很清楚企业管理的要素、体系以及对应的管理手段和运营

---

① 教练在本书中有两层含义:一种是专属名词,代表职业或工作;另一种是动词,代表教练过程的行为。请读者根据语境进行相应理解。

方法。但他和我一样，发现新创企业永远处在一种尚未准备就绪的状态。在进行关键决策时，企业经营总是显得捉襟见肘，拆东墙补西墙。很多新创公司由于发展过快，就迫切地引入"变革管理"和"二次创业"这样的理念来加强企业管理，但收效甚微。

在系统地研究多个长期服务的企业所积累的事实和数据后，我发现70%～80%的问题可以聚焦在CEO和核心班子上，如果解决了CEO和核心班子的问题，其他问题都将迎刃而解。但是，CEO和核心班子的问题又是最难和最不能轻易改变的。因为这意味着这家企业核心DNA和企业经营底层结构的改变，而这种变化一定是由内而外、相对稳定的渐变；否则，骤变或者彻底否定的变革，将使其变革成本远大于收益，这已被很多企业的惨痛教训所证明。因此，领导者需要运用科学和艺术相结合的教练方式以促进个人和团队的蜕变，这已逐渐成为行业共识。谷歌前CEO埃里克·施密特在《成就》一书中就写道："高绩效团队的领导者既要是个充满悟性的管理者，又得是个懂得关心他人的教练。"在这种情况下，黄学焦老师这本书的出版对于企业领导者而言意义非凡。

在这本书中，黄老师及其同事总结了他们为百余家组织提供短、中、长期服务的经验，研发出适合本土企业的加瓦（GEVAR）教练模型[一]和"铁三角"三高五力团队教练模型[二]，以实践者和见证者的身份，呈现了企业在实践加瓦教练中心[三]两个教练模型中发生的个人与团队的蜕变，为企业应对VUCA时代、提升组织绩效目标、赋能个人和团队提供了有效的方法论。

---

[一] 加瓦（GEVAR）教练模型：加瓦教练中心黄学焦教练研发的个人教练模型，分别用五要素中的目标（Goal）、体验（Experience）、价值观（Value）、行动（Action）与亲和信任关系（Rapport）首字母进行组合，后文中简称"加瓦教练模型"。

[二] "铁三角"三高五力团队教练模型：加瓦教练中心汪慧教练研发的团队教练模型，即高绩效、高赋能、高迭代，及相对应的交付力、执行力、凝聚力、影响力与学习力，后文中简称"三高五力模型"。

[三] 加瓦教练中心：加瓦（北京）教育科技有限公司的宣传品牌，后文简称"加瓦"。

作者还介绍了多种个人和团队教练的方法和工具，如用 POY 卡[①]来活跃气氛、提高团队凝聚力，能够让团队成员在一个陌生的环境里快速破冰，提高每个人的参与度并乐于表达自己的想法和期待，这在实践中行之有效。另外，利益相关者图谱、空椅子、平衡轮等工具，操作简单，能够激发团队成员的热情、凝聚力和创造力，可以强有力地支持各级领导者进行组织状态衡量和干预，共创团队教练文化。

CEO 及企业高管是人力资源工作者最重要的利益相关者，但不少人力资源工作者并不具备与这些领导者建立有效对话的能力。本书提供了一些真实案例来支持这方面的学习，例如人力资源总监（HRD）应如何向 CEO 提出自己所需要的关键支持，又如何根据 CEO 给予的建议在工作中发挥更大的影响力等。

在高管及团队教练的过程中，我们能够从角色的对话感受到关系中的张力，也能够领会到关系和信任是影响力的基础。教练对话能促进换位思考，体会对方的需求和难处，这有助于我们找到施加影响力的撬动点，采用整体论的观点把内、外部主要的利益相关者纳入解决方案中，使之成为支持目标实现的资源，共创共赢。这也是陈春花教授出版的扛鼎之作《协同共生论》所倡导的观点。

时至今日，当越来越多的模块化工作被 AI 所取代，当 VUCA 冲击着组织的生命曲线时，人力资本将成为撬动组织飞速发展的关键。但如何有效达到预期的结果，企业教练将在其中扮演重要的角色。所以，无论是企业内部的 CEO、高管、团队领导者，还是企业外部的组织发展顾问，都需要具备教练能力。可以预见的是，未来教练文化将融入日常工作的方方面面，这样

---

[①] POY 是 Point of You（你的观点）的缩写，POY 卡是一种用图卡（潜意识投射卡或者心灵图卡）进行教练的方式。这种用图卡了解人的心理状况的方式是由人本主义心理学家莫里兹·艾格迈尔（Moritz Egetmeyer）与艺术家伊利·拉曼（Ely Raman）共同创造的。

既能帮助企业引擎（CEO和核心领导班子）完成自我蜕变，又能通过教练的方式让组织蓄能并稳定有序地持续发展，避免忽上忽下的过山车式的变革和转型。

　　我个人在过去14年中，有幸参与了中国互联网大平台的建立和发展，和众多创业者与企业家一起经历了互联网成为社会底层设施的关键阶段，其间看到越来越多的创业者和企业家主动并迫切地呼唤组织能力升级。我相信，《唤醒》这本书的诞生将会帮助更多的组织管理者、人力资源工作者、创业者和企业家以教练的方式突破自我，并同时为团队建设赋能，为组织发展助力。让我们将组织看作一个活生生的有机体，和它一起携手，满怀激情地踏上一波又一波组织教练冲浪之旅吧！

朱晓楠

知名互联网企业首席人力官

奇虎360学院创始人

阿里巴巴原人才发展总监、百度技术学院原负责人

推荐序二 | FOREWORD |

## 掌握教练能力是领导者必备的素质

2020年下半年，李宁博士和我提及他正在与国际教练联合会（ICF）北京分会前会长黄学焦老师一起写一本针对企业家群体的教练书。到2021年春节后，他们竟已经完成了此书的初稿，可谓行动迅速！李宁博士有多年的创业经历，在清华大学经济管理学院读博期间的主要研究方向也与创业者心理和创业团队相关，相信这本书一定会帮助到创业者和企业家，使他们能够更好地运用教练技术激发出自己以及团队的潜力。

当前，企业领导者面对的管理对象大部分已经是"85后"和"90后"群体了。这些新生代职场人群的心理需求更多关注在马斯洛心理需求层次的中、高层，即社交、自尊和自我实现的需求。因此，企业中的管理和领导活动一定要匹配当前管理对象的心理特点。这也是目标管理（MBO）、KPI、平衡计分卡、OKR这些管理方法持续演化的底层动因。现代教练技术的发展源于心理学、管理学、组织行为学以及人类潜能开发等方面最新研究的应用。企业家群体掌握一些教练技术，将有助于激发组织中新生代的工作潜能与动力，建立更加健康有效的管理模式与组织氛围，从而促进企业稳健地持续成长。

针对创业者群体，教练技术不仅可以帮助创业者更好地带领创业团队，而且也可以时常进行自我教练。创业者群体在高风险、高不确定性的创业活动中承受着巨大的压力，常常身心俱疲，孤独前行。如果掌握了教练技术，在遇到困境时，创业者可以与自我开展教练对话，厘清问题和目标、提升认知层面、激发深度思考和内心动力。早期创业团队的组织管理制度常常是不完备的，需要根据业务发展持续调整，而且更重要的是在高压力和不确定的情况下如何激发和保持创业团队的动力。基于群体动力学研究的团队教练技术不仅能够帮助创业团队在管理机制层面进行完善和持续迭代，而且能够在团队关系和动力层面激发组织的活力。近几年已经有人提出创业教练的概念，但他们更多的只是把个人教练技术应用于创业团队的场景，并不是真正意义上针对创业团队的教练。真正有效的创业教练应该要融合教练、团队引导、咨询以及培训等多种专业能力。

现代教练技术起源于 20 世纪中后期的美国，经过几十年的发展，教练技术已成为欧美企业家提高自身领导力、激发员工动力的重要技术。国外一些知名院校已经设立教练相关专业的硕士、博士学位课程。现代教练技术引入中国也已经有近 20 年的历史，外资企业率先用教练技术提升高管业绩表现，随后国内的教练技术培训机构陆续引入国外的教练认证项目，为国内培养了大批的企业教练。目前，国内商学院也开始在领导力的课程和项目中融入教练技术的内容。相对于提高办"事"效率的传统管理科学，现代教练技术是一套关于如何激发"人"的潜能的课程。因此，面对科技迅猛发展的 21 世纪，针对新生代的心理特点，熟练掌握和运用教练技术将是每一个企业领导者必备的素质和能力。

真心希望这本书能够帮助到更多的企业家和创业者。这一群体的健康成长意味着一大批企业的健康成长，也必然会为国家创造更多的就业和经济增长！

李纪珍

清华大学经济管理学院副院长

博士生导师、教授

## 前　言 | PREFACE |

## VUCA 时代，领导者首先是一名教练

被称为"世界第一 CEO"的杰克·韦尔奇曾说过："每一位领导者首先是一位教练，伟大的领导者是伟大的教练。"众所周知，我们现在已经进入了 VUCA 时代，即这个时代的特点就是充满了易变性、不确定性、复杂性和模糊性。面对这种情况，每个企业、每个领导者和高管工作的节奏越来越快，承受的压力也越来越大了。

每次我跟这些掌握企业命运的领导者和决策者沟通时，都会出现如下类似的对话。

第一个问题是：你会如何描述自己现在的状态？他们的回答往往是一个字：忙。

第二个问题是：现在最烦恼的事情是什么？他们的回答往往是：人心不齐，队伍越来越难带了！

第三个问题是：每个人做什么事情最卖力？他们的回答几乎都是：当然是做自己的事情喽。

这时，我就会追问第四个问题：作为领导者，怎样能让员工把企业的事情当自己的事情办呢？对于这个问题，他们要么陷入深思，要么就有些不知所措了。

如果你对以上这些问题也是这样的回答，那么学习"教练"就对了！

为什么我会这样说呢？这要从我自己的经历讲起。在我从事教练事业的近20年中，总是有不少朋友好奇地问我：为什么放弃能挣大钱的建筑行业和房地产行业不做，却进入了貌似清汤寡水的教练行业？

我大学毕业后进入机关工作，单位派我下海，我利用所学的土木工程专业成立了建筑公司和装饰公司。从那时起，我这个"理工男"就走上了管理岗位。后来，我从单位离开，自己创业开办公司。在这期间，上面那四个问题一直如影随形地纠缠着我，让我头痛不已。最刺激我的是曾经有一次，一位下属和我聊天时对我说："黄总，我在您手下能学到不少本事，但是我总觉得不快乐！"我怔了一下，无奈地回答说："你不快乐？我也不知道怎么快乐呢！"所以这些年来，我一直带着这四个问题，在几个行业中创业和历练，探索让自己和团队开心快乐的答案。在大学工科的基础上，我又学习了管理学、心理学和医学等几个领域的专业知识，最终在教练行业找到了这四个问题的答案。《论语》中说："吾十有五而志于学，三十而立，四十而不惑，五十而知天命，六十而耳顺，七十而从心所欲，不逾矩。"这使我对孔夫子这种人生智慧有了一点理解。我开始感觉自己的人生有了些许绽放，同时也让团队伙伴们进入了既可开心成长，又可高效工作的状态。当然，人生的绽放没有终点，这是一辈子的追求。虽然现在仍有诸多不足之处，但我知道自己走在正确的轨道上，每一个明天都会更好！

我在2003年接触到教练，算是国内第一批学习者。在2007年我们引进了埃里克森教练学院的课程，这是国内引进的第一个国际教练联合会专业认证的教练体系，后来又成立了加瓦教练中心，汪慧老师在2015年也加入了我们的团队。在近二十年的学习、传播和应用教练技术的经历中，我深深地感受到国内的企业家和各级管理者也都被如何把员工的梦想和企业愿景结合起来，如何提升员工的凝聚力和责任感，进而提升绩效并让企业基业长青等类似的问题困扰着。所以，我们一直希望能总结多年从事教练的感受和经验，编纂成书和大家分享。

现在国内的教练书籍已经有不少了，但很少有基于组织视角考虑，即从一个组织决策者（不论是一个公司的决策者，还是一个项目的决策者）的角度看问题的教练书。这本书既包含领导者用教练思维和方法激励下属的内容，又包含领导者用教练方式进行组织或团队诊断、变革和创新，发掘团队和组织动力等方面的内容。本书逻辑清晰，实用易读，是一本教练框架体系下适合领导者阅读的非专业书。也就是说，我们在本书中力求用简洁实用的方式，让领导者们学习如何用教练的方式，在提升员工和团队动力以及提高绩效这两个主题上，唤醒心灵，激发潜能，达到个人和团队"比翼齐飞"的效果，这也是本书起名为《唤醒：提升员工和团队动力与绩效的教练指南》的初衷。2020年下半年，我们三位作者决定合作完成本书的撰写。李宁博士毕业于清华大学经济管理学院，一直从事创业企业的管理咨询和投资工作，擅长研究创业企业家的心智模式及其影响，对东西方文化和管理的融合及教练在企业中的应用颇有心得；汪慧老师长期从事人力资源和培训工作，是国内教练应用具身化⊖和实战化的代表人物，其直接揭露团队底层阻力，进而让团队能量反转为追求目标动力的犀利风格，让众多受训团队受益颇深。

本书是我们近二十年学习、推广和应用教练技术的总结之作，针对的读者群是具有一定决策权的企业各级领导者和管理者，如企业领导者、团队负责人、项目经理等，同时众多专业教练也能从中得到启发。本书涉及四大方面内容：

（1）关于教练（理论与背景篇）。简单而概括地介绍教练学的源头，列出哲学、心理学、管理学、体育科学以及成人教育等对教练活动的影响和贡

---

⊖ 具身化：简单地讲就是用身体体验和表达我们的认知。

献，以期读者对教练的背景有基本的了解。

（2）用对话唤醒生命（个人教练篇）。教练是一段用对话唤醒生命的旅程。第二篇详细介绍了加瓦教练模型及"156法则"，以期为读者在企业中掌握教练理念和工具提供一个简单实用的框架。此篇还配有丰富的实际小案例，便于读者学习和理解。

（3）打造"三高五力"的团队/组织（团队教练篇）。详细介绍了针对企业团队和组织，尤其是有决策权的群体，如何利用加瓦提出的三高五力模型进行组织或团队诊断，进而如何使用我们精选出的一些有效的工具，对出现问题的地方进行调整和改善。同时也配有一些实际小案例。

（4）实践出真知（案例篇）。从加瓦实操的上百个项目中精选出几个有代表性的案例，并对其流程和效果进行详细的解析和说明，便于读者在实战时参考。

现在的世界面临着百年未有之大变局，而应用教练技术就是领导者应对危机进而变革和发展的良策。我相信在不远的将来，教练技术将会得到更多的企业和领导者的青睐，帮助组织中的个人和团队走上基业长青之路。与此同时，数字化在国内方兴未艾，加瓦也会积极投入到这次洪流当中，让教练插上技术的翅膀，让更多的个人、企业、组织乃至社会受益。

我们也深刻认识到，不管在理论还是在实践方面，自己对教练的认识还非常不成熟，对于书中可能存在的模糊甚至谬误之处，希望大家批评指正，以推动我们完善和成长，为客户和社会提供更大、更实用的价值。

在本书写作和付梓的过程中，很多人都付出了辛勤的汗水。首先我们要感谢自己的家人，正是由于他们的爱与无私的奉献和支持，我们才有时间和精力完成本书的写作；其次我们要感谢支持和参与本书写作和出版的领导、编辑和同事们，包括机械工业出版社华章分社的邢健副总经理、李文静老师等，还包括加瓦的郭丹丹、黄晗、胡玥和孙铭䜣等；最后我们要感谢十多年来合作过的国内外的教练大师们和各界的朋友们，包括玛丽莲院长夫妇、霍金斯教授、乔伊斯院长、莱特院长夫妇、佩特林博士、玛格丽特院长、克拉克巴特教授、艾丽森博士、朱晓楠女士、李纪珍副院长、霍姆博士等。正是大家的鼓励、鞭策和支持，促成了本书的面世。这既是对所有人付出的回馈，也是我们今后不断推动教练事业发展的巨大动力。

黄学焦<br>
2022 年 3 月于北京

| CONTENTS | 目　　录

推荐序一　中国高管及团队教练的探索
推荐序二　掌握教练能力是领导者必备的素质
前言　VUCA时代，领导者首先是一名教练

# 第一篇　关于教练　/1

## 第一章　东西方教练智慧的起源　/2

关注于人与团队的潜力开发　/2
让所有人变得更好　/11
工作中人与事的完美结合　/15
贴近实际，更高、更快、更强　/19

## 第二章　教练是领导者的核心工作　/22

"绩效 = 潜力 – 干扰"及"地标论坛"　/22
行为改变与信念改变　/25
领导者 = 培训指导 + 教练　/27

## 第二篇　用对话唤醒生命　/ 33

### 第三章　教练型领导者的理念　/ 35

教练型领导者的六大理念　/ 35

如何挖掘员工潜能：三脑理论　/ 38

### 第四章　教练型领导者的对话技术　/ 43

加瓦教练模型　/ 43

加瓦教练模型的"156 法则"　/ 48

一个中心：以被教练者为中心建立亲和信任关系　/ 50

教练型领导者的五大能力　/ 55

教练过程的六个步骤　/ 75

## 第三篇　打造"三高五力"的团队 / 组织　/ 101

### 第五章　打造高绩效团队　/ 106

高绩效团队之交付力　/ 107

高绩效团队之执行力　/ 110

### 第六章　打造高赋能团队　/ 122

高赋能团队之凝聚力　/ 123

高赋能团队之影响力　/ 133

### 第七章　打造高迭代团队　/ 138

高迭代团队之学习力　/ 139

工作复盘四步法　/ 141

根因分析工具：丰田"五个为什么"　/ 144

**第八章　三高五力模型与企业变革转型　/ 146**

变革的六个阶段　/ 146

变革六个阶段的处境与变化　/ 147

## 第四篇　实践出真知：案例分析　/ 151

案例一　解决高管对流言蜚语的困惑　/ 155

案例二　高管岗位变动的选择　/ 159

案例三　高管的领导力发展　/ 163

案例四　某医疗集团战略共识工作坊　/ 180

案例五　某电信运营商直属公司OKR工作坊　/ 187

案例六　某集团公司后备干部领导力工作坊　/ 195

案例七　某公司领导变革工作坊　/ 200

案例八　某上市公司中层经理系统化复盘工作坊　/ 207

后记　时代的召唤　/ 213

参考文献　/ 217

# 01

## 第一篇

# 关于教练

了解你自己!
——苏格拉底

# 第一章 | CHAPTER 1 |

# 东西方教练智慧的起源

## 关注于人与团队的潜力开发

"教练"一词的英文是 coach。根据牛津词典，在 16 世纪中期的欧洲，Coach 意指有封闭箱体的四轮马车，coach 在做动词时意指乘坐马车旅行，并在 18 世纪早期，形象地引申出指导、教授、辅导等动词词义，而名词 coach 也有了私人或专业导师、教练（体育）的词义。从"coach"的词意来看，其实教练就是一辆马车，即让客户使用的一个工具，目的是支持客户去往自己想去的地方，实现自己的目标。世界上最大的现代教练组织——国际教练联合会认为：教练是客户的长期伙伴，通过创造性地引发客户深度思考的教练过程，激励客户最大化地提升自我认知与发掘职业潜能。

中文的"教练"一词是两个意思的组合。"教"的甲骨文 =（爻，《易经》的爻辞）+（子，孩童）+（攴，手持鞭子、棍杖），其原始意义是一个孩子学习天道，而这种学习带有强制性；"练"的金文 =（糸，丝品）+（煉，提纯），其显示的原始意义是指将生丝蒸煮加工提纯成柔软的熟丝的过程。

加瓦对教练的定义是：通过一种伙伴式的关系，挖掘客户潜力，排除障碍，支持客户实现目标和梦想的学问。

现代教练学㊀兴起于20世纪后期，其理论和模型的基础起源于20世纪初就已经开始的心理学、管理学、哲学以及体育运动的研究与应用（见图1-1）。同时，20世纪全球社会、经济和政治格局的剧烈变化，以及人类对精神和潜能开发的需求，使得教练学在人类的生活和工作中得到快速的推广与应用，促进了"生活教练""企业教练"和"健康教练"等职业的出现。其实，"教练"的本质是一种学习关系，当"教练"用于企业的时候就是"企业教练"；当"教练"用于管理风格时，就有"教练型领导者"或"教练型管理者"，当"教练"用于生活健康管理，就有了"亲子教练""亲密关系教练""健康教练"等称呼。因此，"教练"就是教练者运用教练技术，帮助他人（被教练者）通过学习获得成长，从而达成目标的一种活动。

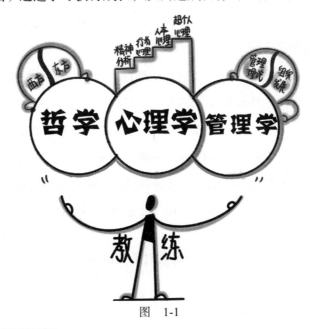

图 1-1

---

㊀ 教练学：英文coaching国内的人原先翻译为教练技术，不过随着其发展，coaching的应用已经远远超越了技术的层次。虽然教练学还没有成为一种普遍公认的学科，但西方国家的一些大学已经开设相关的硕士和博士学位课程。我们也相信未来的教练事业会以一门学科的形式存在，因此本书采用了"教练学"这种提法。

如果我们对教练活动及教练技术所依托的理论进一步追根溯源的话，我们会发现教练学的历史远远早于其所依赖的心理学、管理学和运动科学等现代科学，教练活动甚至可以追溯到人类的远古时代。在几千年前，帮助个体实现个人目标，激发人类内在潜能的教练活动就已经存在于人类社会生活中了。

## 教练的西方哲学起源

西方哲学的起源可以追溯到古希腊时期，古希腊哲学繁盛时期的著名哲学家苏格拉底可以说是西方教练的鼻祖。柏拉图记录的苏格拉底语录表明，苏格拉底并不是直接传授知识，而是一直在鼓励学生进行自我醒悟。苏格拉底通过知性对话的方式提出问题，并通过引导回答的方式使人们认识自我。这种苏格拉底式对话（Socrates Dialogue）是了解谈话对象思想的一种方法，也是教练学的重要实践方式。

苏格拉底认为智慧来自人类内心的理性，而非依靠外界他人的给予。依循人的理性，个体才能获得正确的知识、见解和智慧，从而引导出正确的行动。因此，苏格拉底启发他人的方式不是简单地教授，而是通过扮演一个"一无所知的人"与他人进行对话，协助个体澄清概念、获得真知，进而建立有效的个人思考模式系统。下面是色诺芬在《回忆苏格拉底》[一]中，记述了苏格拉底与学生讨论有关"正义"和"非正义"的对话故事。

### 苏格拉底式对话的故事

苏格拉底问学生："'虚伪'归于正义还是非正义？"

学生答："归于非正义。"

苏格拉底又问："偷盗、欺骗、奴役归于正义还是非正义？"

---

[一] 色诺芬. 回忆苏格拉底 [M]. 吴永泉，译. 北京：商务印书馆，1984.

学生答:"归于非正义。"

苏格拉底又道:"如果将军惩罚了敌人,奴役了敌人,战争中偷走了敌人的财物,或作战时欺骗了敌人,这些行为是不是非正义的呢?"

学生答:"这些都是正义的,而只有对朋友这样做是非正义的。"

苏格拉底又问:"在战争中,将军为了鼓舞士气,以援军快到了的谎言欺骗士兵,阻止了士气的低落;父亲以欺骗的手段哄自己的孩子吃药,使自己的孩子恢复了健康;一个人因怕朋友自杀,而将朋友的剑偷去,这些行为又归于正义还是非正义呢?"

学生得出结论,认为这些行为都是正义的,最后迫使他们收回了自己原来的主张。

美国心理认知疗法学派的贝克(Beck)依据苏格拉底这种非教导的论证式对话,发展出一项治疗技术,称为"苏格拉底式对话"。认知治疗师用提问的方式,协助案主修正或改变错误认知。治疗师不和案主争论主观的觉知和诠释,只是用一系列的问题先了解案主的观点,并让其评估自己的想法,进而引出不同的结论,促使其得到自己的解答(马乔里,2002)。推动苏格拉底式对话的力量是"好奇心",在对话过程中要做到"了解但不评判",而这正是现代教练所秉承的原则。

施托贝尔(Stober)认为西方哲学的人文根源是"当今教练学的基本哲学基础"。基于人本哲学,教练学融合了"责任、探索、开放选择、自由、成长与执行能力"等概念。西方神学指出导师或精神领袖基于"移情、支持、积极期望、联盟契约、原理、面对和学习"与其追随者建立特殊关系。西方整合哲学强调"身体-思想-精神"的连续统一,认为科学和精神性都是个体觉悟的必要条件。西方本体论哲学假定他人的正当性、语言的本质性、情绪的重要性、生理和身体的透明度,认为"实在"(reality)必须在一定历史背景下解读,需同时考虑社会、经济、政治层面的要素。尤其是在艾彻利维亚（Echeverrria）提出的"语言转向"理论中，语言取代了推理或形而上学的位置。弗莱厄蒂（Flaherty）也认为"语言是教练学的基本组成部分，事实上可以说教练从业者的基本任务是为客户提供一种新语言"。总之，西方哲学诸分支对20世纪教练学科的影响是基础性的，教练学之树的主根无疑是哲学，东方、西方哲学传统中的各种要素都对教练学做出了重要贡献（见图1-2）。

图　1-2

**教练的东方哲学起源**

　　西方哲学建立的基础是将部分从整体中分离或将事物分解为构成要素，而东方哲学在强调统一性、协调性和适应性的同时，也更关注人的精神状态、生活方式，以及人、社会与宇宙的和谐。西方学者斯基芬顿（Skiffington）和宙斯（Zeus）曾指出："教练学对'活在当下''不被过去羁绊'和'专心但不过度注重结果'等思想的重视反映了禅宗哲学的特别影响。"曼尼恩（Mannion）在探究佛家思想对教练学的贡献时也提到了诸如"静心觉知"的佛家理念。布洛克（Brock）指出，道家学说通过轻松和谐的生活方式影响着教练学，其特点是"朴素、时机把握、无约束、内心自由、伺机而动和柔韧"。

孔子的儒家思想的核心是"仁爱",如"己所不欲,勿施于人"。"仁爱"与教练核心思想中对同理心的强调是一致的。史蒂文森(Stevenson)也指出,孔子的学说由两种相互联系的基本思想支撑,其一是"义",即根据具体情况正确行事;其二是"人性、善和仁",即基于对人类本性和对人类社会的理解而给予他人仁爱和同情。而教练正是怀有同理心,通过对话的形式激发被教练对象的潜能,并支持他们抵达目标的过程。

中国儒家思想的核心著作是"四书",即《论语》《孟子》《大学》《中庸》。其中,提出儒家纲领性思想(三纲八目)的《大学》中开篇第一句话是"大学之道,在明明德,在亲民,在止于至善",这句话指出了"大人"(成人)的人生终极目标。而《高绩效教练》的作者约翰·惠特默提出的GROW教练模型中,首先需要被教练者明确的也是"Goal",即目标。"明明德"就是让内在的明德显化出来,如此才能激发人的内在潜力。"亲民"是与人和社会更大系统的联结,是教练思想中同理心以及通过成就他人成就自己的体现。"止于至善"就是持续提升自己,达到儒家提倡的"善"的最高人格境界。

《大学》的第二句和第三句是"知止而后有定,定而后能静,静而后能安,安而后能虑,虑而后能得。物有本末,事有终始,知所先后,则近道矣"。从教练学的角度看,这两句话可以说是个体进行自我教练的心法。"知止"也是佛家所讲的"持戒",人应该知道进退取舍,从而确定自己人生的核心目标。唯有如此,才能够"定",即佛家制心一处而达到的禅定状态,也即当代心理学家米哈伊·契克森特米哈伊所说的"Flow",即心流状态。继而方可达到内心的"静",即道家的"守静笃"状态,行止有节,从容淡定。"守静笃"即进入"安",心"安"而能思"虑"周密,以致理性显化而获得真知与智慧。由此可见,《大学》中的这两句话把教练过程中人的内在心理分析过程进行了细密的拆解。

《大学》的第四句话"古之欲明明德于天下者,先治其国;欲治其国者,先齐其家;欲齐其家者,先修其身;欲修其身者,先正其心;欲正其心者,先诚其意;欲诚其意者,先致其知;致知在格物……"提出了儒家修行的"八目",即"格物、致知、诚意、正心、修身、齐家、治国、平天下"。其中"格物、致知、诚意、正心、修身"是儒家提及的"内圣"过程,即内心的修炼与成长,而"齐家、治国、平天下"是"外王"过程,即在家庭、社会以及世界中的行为过程与成就显现。"内圣"是里,是"外王"的根本和决定因素,而"外王"是表,是"内圣"的外在显现和结果。这一思想架构恰与NLP专家罗伯特·迪尔茨所提出的逻辑六层次是一致的,即环境、行为、能力、信念与价值观、身份和精神这六个层次。这种内圣外王、修己达人的中国哲学思想,也是现在人们想成为优秀教练的基本要求和核心理念。

**中国古代智者的对话故事**

我们在中国儒家经典的记载中也看到了苏格拉底式的教练对话。如《孟子·梁惠王章句》中记载的孟子与梁惠王的一段对话:

孟子晋见梁惠王。惠王说:"老先生不远千里,长途辛劳而来,是不是将给我国带来利益呢?"

孟子答道:"王何必非要说利呢?也要有仁义才行。如果王只是说'怎样才有利于我的国家',大夫也说'怎样才有利于我的封地',那一般士子和老百姓也都会说'怎样才有利于我自己',这样,上上下下都只追逐私利,国家便危险了!在拥有一万辆兵车的国家里,杀掉国君的,一定是拥有一千辆兵车的大夫;在拥有一千辆兵车的国家里,杀掉国君的,一定是拥有一百辆兵车的大夫。在一万辆里头,他就拥有一千辆,在一千辆里头,他就拥有一百辆,这些大夫的产业不能不说是够多的了。假若他把'义'抛诸脑后而事事'利'字当先，那他不把国君的一切都剥夺是不会满足的。没有'仁'存心的人会遗弃父母的，没有'义'存心的人会怠慢君上的。王只要讲仁义就可以了，为什么一定要讲'利'呢？"

在这个故事里，孟子从梁惠王的观点出发，巧妙地运用了逻辑推理的技巧引导出国家上下交相争利的可怕后果：如果国王整天想自己的利益，大臣就会整天想自己家族的利益，老百姓就会整天考虑个人的利益。当整个国家都在互相争夺私利，国家就危险了，国君的死期也就不远了。孟子通过讲述梁惠王重利观念可能导致的严重后果，希望让梁惠王认识到自己重利理念的错误。在这个短暂的对话过程中，孟子就像一名教练，引导着梁惠王进行理性的反思和对旧有观念的修正。最终，作为帝王师的孟子，向梁惠王提出了儒家"仁义"的解决方案。

埃里克森教练学院的创始人及院长玛丽莲·阿特金森在其著作《高级隐喻：故事转化生命》中指出，教练过程中使用隐喻和故事可以分享深层智慧，为个体带来投入性体验，在更深的层面探索和拓展个体的觉察力，从而创造生命的转化。在中国的哲学经典中，隐喻和故事更是被运用得炉火纯青，最典型的就是道家的《庄子》。下面是《庄子·养生主》中庖丁解牛的故事。

**庖丁解牛的故事**

庖丁给梁惠王宰牛。手接触的地方，肩膀倚靠的地方，脚踩的地方，膝盖顶的地方，哗哗作响，进刀时霍霍地响，没有不合音律的：合乎《桑林》舞乐的节拍，又合乎《经首》乐曲的节奏。

梁惠王说："好啊！你解牛的技术怎么竟会高超到这种程度啊？"

庖丁放下刀回答说："我追求的是道，已经超过一般的技术了。起初我宰牛的时候，眼里看到的是一只完整的牛；三年以后，再未见过完整的牛了。

现在，我凭精神和牛接触，而不用眼睛去看，感官停止了而精神在活动。依照牛的生理上的天然结构，砍入牛体筋骨相接的缝隙，顺着骨节间的空处进刀。技术好的厨师每年更换一把刀，是用刀割筋肉而割坏的；技术一般的厨师每月更换一把刀，是砍骨头而将刀砍坏的。如今，我的刀用了十九年，所宰的牛有几千头了，但刀刃锋利得就像刚在磨刀石上磨好的一样。那牛的骨节有间隙，而刀刃很薄；用很薄的刀刃插入有间隙的骨节，那么刀刃的运转必然是有余地的啊！因此，十九年来，刀刃还像刚从磨刀石上磨出来的一样。即使是这样，每当碰到筋骨交错聚结的地方，我看到那里很难下刀，就小心翼翼地提高警惕，视力集中到一点，动作缓慢下来，动起刀来非常轻，豁啦一声，牛的骨和肉一下子就解开了，就像泥土散落在地上一样。我提着刀站立起来，为此举目四望，为此悠然自得，心满意足，然后把刀擦抹干净，收起来。"

梁惠王说："好啊！我听了庖丁的这番话，懂得了养生的道理了。"

在庖丁解牛的故事中，"庖丁"隐喻的是懂得养生之人，即在社会生活中善于保全身心之人。"解牛"意指解决人生中所遇到的各种问题，而"庖丁解牛"意指懂得养生之人应该如何解决人生中的各种问题。故事中的"牛刀"隐喻人的身心，"有间隙"意指问题的解决途径与关键点。"筋骨交错聚结的地方"意指解决问题的障碍。"像泥土散落在地上"意指问题得以圆满解决的状态。"把刀擦抹干净，收起来"意指要保全自己的身体与心灵。庖丁解牛"合乎《桑林》舞乐的节拍，又合乎《经首》乐曲的节奏"意指人生解决问题的过程有其自身的节奏。庖丁解牛的故事告诉了我们养生之道：人在社会生活中要认识并掌握事物的特点和规律，顺应规律才能既保全自己的身心，也能游刃有余地解决各种问题。

《庄子》一书中使用了大量的隐喻，帮助人们从不同视角获得深刻觉察，并促进问题的分析和解决。隐喻故事的使用，不仅促进理性觉察，同时也作用于情感，因而这种觉察和体验会更加深刻持久。庄子很少直接给人以答案，而是通过隐喻故事和理性思辨给人以启发和自觉，因此，在这一点上庄子比孟子更像一个纯粹的教练。

总之，东方哲学同西方哲学一样，在教练学的起源上为现代教练学打下了哲学的根基，同时，当代的教练学也在持续地吸收着东方的人文智慧，并不断创新。

## 让所有人变得更好

心理学对教练学的贡献远远超过其他起源学科。当今教练学的大部分支持理论以及教练从业者使用的大量实践方法均源自心理学。心理学的根源可以追溯到古希腊哲学。科学心理学正式诞生于1879年，标志事件是冯特（Wundt）在德国开办的第一家心理学实验室。科学心理学将哲学反思与分析、实验及比较的方法融为一体。

在心理学发展史上，有四大主要力量：精神分析学派、行为心理学派、人本心理学派和超个人心理学派。这四大心理学学派为教练学提供了理论基础和大量的实践方法。

### 精神分析学派与教练

精神分析学派（Psychoanalytic School）指的是采取奥地利精神医学家弗洛伊德（S.Freud）精神分析论的观点解释人性的心理学家的通称，一般以1895年弗洛伊德与布罗伊尔出版的《关于歇斯底里的研究》作为精神分析正式创立的标志。精神分析法是弗洛伊德在毕生的精神医疗实践中，对人的病态心理经过无数次的总结、多年的累积而逐渐形成的。弗洛伊德主要着重于精神分析和治疗，并由此提出了关于人的心理和人格新颖且独特的解释。弗洛伊德精神分析学说的最大特点，就是强调人本能的、情欲的、自然性的一面，它首次阐述了无意识的作用，肯定了非理性因素在行为中的作用，开辟了潜意识研究的新领域；它重视人格的研究，重视心理动力的应用。

心理动力学（精神分析）的主要理论家阿尔弗雷德·阿德勒（Alfred Adler）对社会联结、目标导向、自我创造性和整体论的假设，为教练理论发展做出了重要贡献。精神分析学者、催眠治疗之父埃里克森（Erickson）所基于询问而非解答的研究方法成为教练的基本原则。赫德森（Hudson）也指出了几种心理动力学模型对教练学的重要意义，如弗洛伊德对象征性思维的强调、阿德勒的个体心理学、荣格的"后半生精神觉醒"和古尔德（Gould）对个人神化的关注。吉尔伯格（Kilburg）指出"主要用于心理治疗的许多方法同样适用于教练学的各种情形"。

心理动力学影响着教练从业者在客户的生活中创造意义和目的方面的尝试，并帮助他们更深层地认识自我。但与早期精神分析学家的不同之处在于，教练从业者在客户出现抗拒改变的情况时并不假设其存在疾病。

**行为心理学派与教练**

行为心理学派（Behaviorism）为当代科学心理学的主流之一。行为心理学派由美国心理学家沃森（J. B. Watson）于1913年创立。此派理论的特征有以下四点：强调心理学是一门科学，因此在方法上重视实验和观察；在研究题材上重视可以观察和记录的外显行为；它解释构成行为的基础是个体表现于外的反应，而反应的形成与改变是可以加以制约的过程；重视环境对个体行为的影响，不承认个体自由意志的重要性，故而被认为是决定论；在教育上主张奖励与惩罚兼施，它不重视内发性的动机，强调外在控制的训练价值。行为心理学派在美国较为盛行，但其影响遍及全世界。20世纪20～50

年代这几十年间，心理学界几乎是行为心理学派的天下。

行为心理学派对教练学做出了大量贡献，包括用于控制外显行为的各种模型和方法，以及对外界刺激如何调节外显行为的研究。教练从业者用这些方法对客户进行意识思维、目标导向的强化和行为修正。布洛克认为行为心理学派对教练学的一项重要影响是改变通常是客户个人或职业生涯中重要情感事件的结果，客户的响应打开了行为变化的大门。

**人本心理学派与教练**

人本心理学兴起于20世纪50年代，代表人物为马斯洛和罗杰斯。在理论取向上，人本主义心理学研究的主题是人的本性及其与社会生活的关系。他们强调人的尊严和价值，反对心理学中出现的人性兽化和机械化的倾向，主张心理学要研究对个人和社会进步富有意义的问题；在方法论上，他们反对以动物实验结果推论人的行为，主张对人格发展进行整体分析和个案研究。无论是马斯洛的自然人性说和心理需求层次理论，还是罗杰斯基于尊重、真诚、悦纳的"完人"教育观，都从人性的角度启示我们重新审视儿童的本性与潜能、需要与自我实现，以及早期教育活动的开展等问题。

施托贝尔认为，人本主义视角是"当今教练学的哲学基础"。弗莱厄蒂也指出，"西方教练学始于马斯洛，他认为心理学要考虑人的潜能"。人本心理学家珀尔斯将格式塔疗法作为帮助个人实现自我的一种手段，他创立的"空椅子法"被众多教练从业者所使用。罗杰斯认为，"客户是唯一能够治愈自己的人"。在不带批评、完全包容的环境中展现的爱、支持和无条件的积极关怀，都是客户自由表达的前提条件。而教练从业者的倾听多于交谈的方式，是国际教练联合会的核心理念之一。施托贝尔认为，自我实现的人本论是教练学的基本假设，主要关注促进成长而非改善功能障碍。马斯洛和罗杰斯基于人本心理学原理对教练学做出的贡献，不仅为当今的教练从业者所普遍认同，而且也深深融入教练管理机构的语言，如：国际教练联合会核心理念就包括"与客户建立信任和亲密关系""展现教练风范"等。

## 超个人主义心理学与教练

超个人主义心理学是后人本主义时代的一个心理学流派，其基本内容如下：（1）在对待人性的观点上认为人既是心理的又是精神的，但人性主要是精神的，追求精神应该成为人生命的中心。（2）在研究对象上主张研究超我超时空意识。（3）在研究方法上主张多元化的研究方法。研究方法只要有助于解决超个人心理问题就可以被心理学研究所采用。（4）在研究任务上主张整合各种方法，将科学实证与理性思辨结合，内省观察、现象学与动力心理学相结合，东方智慧与西方超个人主义心理学相结合。超个人心理学更加重视意愿和意向性，更加关注精神性。超个人心理学为教练学提供精神潜能的提升方法，以及对存在的先验和超个人特质的认识方法，教练从业者可借以协助客户进行自我发现。

在上述四种心理学力量中，超个人心理学正处于快速演变期，其对教练学的贡献也尚未完全显现。当然，除了上述四种心理学力量，心理学的一些应用分支学科也对教练工具和方法做出了重要贡献。其中，临床心理学对教练学的实际影响最大，如萨提亚创立的"家庭疗法"，通过临床研究建立了心理学模型，确定了变革影响组织的方式。佩尔蒂埃（Peltier）指出"源自心理治疗的技术，包括主动倾听和移情、自我意识、过程观察、给予和获得反馈、有效沟通、冲突解决、认知重构和学会乐观、有效使用强化、催眠语言等，大量应用于职场中的教练活动"。情绪聚焦疗法、埃利斯（Ellis）的理性情绪疗法、格拉瑟（Glasser）的现实疗法、罗杰斯咨客中心疗法、珀尔斯的格式塔疗法等也大量应用于教练领域。在组织心理学方面，佩尔蒂埃认为高管教练所采用的测试和评估技术（如360°反馈、交谈、行为观察）通常来自组织心理学。社会心理学家勒温（Lewin）所研究的"场理论""群体动力"成为团队教练的重要理论基础。当代积极心理学的发展也为教练领域提供了理论和实证的基础。人本心理学其他分支的研究，如运动心理学、人类潜能运动（HPM）和大群体意识训练（LGAT），也都在为教练学的理论和实践做出持续的贡献。

总之，人本和超个人心理学为教练学贡献了重要理论，而心理动力研究（精神分析）与行为/认知心理学为教练从业者提供了大量工具。当今教练从业者曾经利用并将继续利用心理学的这四大力量，而其具体组合取决于每位从业者的个人经历、教育情况和执业范围。

## 工作中人与事的完美结合

如果说心理学的发展为教练学提供了基本理论和实用工具，那么商业环境就为教练学提供了第一片施展领域。现代教练学根植于商业环境，商业组织为教练学的成长和发展提供了沃土。教练从业者面对的主要客户也是商业组织中的高管人员。因此，现代教练学在发展的过程中也必然吸收了大量管理学的理论和模式，如管理和领导力、组织发展与咨询、人力资源与培训等。

恩格斯曾经说过，社会一旦有技术上的需要，则这种需要会比10所大学更能把科学推向前进。任何一个管理思想和模式的出现必定产生于强大的社会背景。从第一次工业革命到如今，伴随着社会生产和组织的发展，组织的管理和领导方式、组织发展和人才培养方式也经历了持续的变革，而现代教练学也应运而生。

### 管理理论的发展与教练

西方第一次工业革命催生了科学管理，由"科学管理之父"泰勒写出划时代意义的《科学管理原理》。泰勒常随身携带秒表，以方便随时测量工人的分解动作及其所耗费的劳动时间，以期提升劳动效率。泰勒让管理从以前作坊式的家长制或随意性管理，转向可以提升效率的分解制、标准化、流程化的科学管理，使批量生产成为可能。工业组织的层级制度与军事组织类似，高层管理人员做决策，中层管理人员传达命令，一线人员只需执行命令。科学管理这种"控制—命令—执行"的管理模式主导了整个20世纪。这种管理模式关注流程和规则，虽然提高了工业生产的效率，但工人的积极性和主动性受到压抑。

现代企业研究的真正起点是"现代管理学之父"彼得·德鲁克基于通用汽车研究所著的《公司的概念》。德鲁克一生著书近40本，系统论述了组织的责任与目的、管理者的角色、管理的实践和发展趋势等各方面。德鲁克在《管理：使命、责任、实践》中提出管理者要面对五大责任：制定目标、组织工作、激励和沟通、衡量考核和人员培养。德鲁克在其1967年出版的《卓有成效的管理者》一书中讲道："知识工作者本人必须自己管理自己，自觉地完成任务，自觉地做出贡献"；"所有负责行动和决策并能够提高效率的人，都应该像管理者一样工作和思考"；"有效的管理者善于利用长处，包括自己的长处、上司的长处、同事的长处和下属的长处"；"管理者的任务不是去改变人。管理者的任务，在于运用每一个人的才干……让个人的才智、健康以及抱负得到充分发挥，从而使组织的整体效益得到成倍的增长"。可以说，德鲁克的这些管理思想对现代教练的出现产生了很大影响。

史蒂芬·柯维于1989年出版的著作《高效能人士的七个习惯》，对商界产生了巨大影响。柯维认为，观念是态度和行为的根本，观念决定行为，行为养成习惯，习惯左右我们的成败，所以，成功其实是习惯使然。柯维倡导高效能人士具备的七个好习惯是：积极主动、以终为始、要事第一、双赢思维、知彼知己、统合综效、不断更新。柯维在其《高效能人士的第八个习惯》一书中进一步提出"找到你自己的心声"并"激励他人去寻找他们的心声"。

柯维的这些管理学思想也是现代教练学的核心理念。

20世纪70年代提出卓越理论的管理学家汤姆·彼得斯在其《渴望卓越》一书中对教练的定义是："一种面对面的近距离领导，它将具有不同背景、信念、经历和兴趣的人们团结起来，鼓励他们积极承担责任并持续取得成果，并将他们视为全面的合作伙伴和贡献者。"在管理和领导领域，针对沟通、绩效改善、执行、领导风格等模式和方法的研究与教练学紧密联系。乌尔里希（Ulrich）提出，通过改善沟通、观察和反馈来改善关系（从而帮助他人提高效能和绩效）的管理方法是当前教练实践的组成部分。布洛克认为，从管理学角度看，教练活动具有纯粹的教育性，通过提示、观察和反馈帮助人们学习。埃弗雷德（Evered）和塞尔曼（Selman）甚至提出教练学是管理的核心："教练活动是一种管理活动，通过沟通推动个人和团队生成结果。"布洛克发现，在美国和英国的管理研究文献中，上下级之间针对绩效的咨询和教练对话模式早在1978年就已经出现了。20世纪80年代，柯克帕特里克（Kirkpatrick）将教练活动与咨询区分开来，认为教练活动是"由管理者发起，定期开展，以工作为导向，具有正向性或修正性，以提高工作绩效为目标"，"有效的教练活动有益于下级人员根据前瞻性的计划和目标开展工作，也有益于他们不断探索新的体验领域，满足对个人技能发展的新要求并充分利用创造力和解决问题的能力"。哈格罗夫（Hargrove）认为教练活动旨在帮助人们转换和扩展他们的视野、价值观和能力，并将这种管理风格称为"转型教练"。

**组织发展与教练**

组织发展是现代教练实践的先驱领域。组织发展的基本思想是认为组织目标、价值和人力要素的现场调查研究有助于提高组织及其成员的长期效能。组织发展通过深入了解人本系统及其功能来关注组织变革与学习（布洛克）。第二次世界大战期间，勒温提出了一种新的组织发展理论，即"行动研究"。他认为"行动"吸收员工参与（而非简单传达命令）是在变革过程中将员工转变为充满积极性的合作伙伴的关键所在。勒温还开辟了组织"力场分析"理论，该理论为当今团队教练的研究和实践打下了基础。阿吉里斯（Argyris）比勒温更进一步提出了"行动科学"理论，并提出了"单环"和"双环"学习模型。贝尔（Bell）认为，阿吉里斯在20世纪50年代末为商业领域引入了这样一种思想：人们能够通过改变与自身对话的方式，改变其思维方式。阿吉里斯也是最早与CEO和高管团队进行团队建设会议的人之一。

西勒（Sieler）将教练视为组织学习的新维度，认为教练是保证组织顺利运转的基本要素。他指出："教练活动提供经过专门设计的学习方案，员工与教练合作确定具体学习方式并参与到产生实际效益的学习过程中。教练活动最重要的要素是学习，教练和受教者共同建立学习合作关系。教练既不是培训师，也不是传授知识和技能的教师，而是一种学习推动者。"20世纪90年代被称为"学习型组织理论之父"的彼得·圣吉，把数百年来西方科学和管理将研究对象化整为零的思想进行了颠覆，强调以系统思考代替机械思考和静止思考，并突出人在组织中的决定作用。圣吉在被誉为"21世纪的管理圣经"的管理巨著《第五项修炼》中提出了学习型组织的概念，其认为学习型组织采用系统思维构建共同愿景、心智模式，重视团队学习和自我超越。该思想为知识经济时代的组织管理以及教练实践活动提供了理论基础和框架。

总之，组织发展对教练学的主要贡献体现在干预和研究方法。"行动研究"假设组织中的人在相互关联的动态系统中行使职责，教练活动也是如此。阿吉里斯的"行动科学"认为正是行动科学产生了组织中的有效管理。大卫·库珀瑞德（David Cooperrider）创立的"欣赏式探寻"（Appreciative Inquiry）重视组织积极改变的能力。斯基芬顿和宙斯指出"组织发展研究中关于团队建设、变革模式和如何有效构建技能及改变行为的研究为组织内的教练从业者奠定了基础"。组织发展理论的创立者之一，贝克哈德（Beckhard）声称自己在组织中通常扮演四种角色：专家，提供解决方案和行动建议；顾问，帮助客户解决问题，但责任仍由客户承担；培训师或指导者，教客户应该知道什么，然后让客户应用自己所学的知识；教练，帮助客户学习，并教客户如何学习。

## 贴近实际，更高、更快、更强

哲学、心理学和管理学等领域的理论与方法对教练学的产生有着重大影响，而体育和成人教育对现代教练学在商业领域的推广做出了重要贡献。其中，体育教练不仅为企业教练提供了基本模式，而且体育运动领域也涌现了许多知名的企业教练从业者，比如加尔韦（Gallwey）是一名职业网球教练，后来成功转型为服务于企业领导者的商业教练。同时，成人教育通过培训及专业发展，为教练专业提供了丰富的研究体系和实践方法。

### 体育与教练

斯泰尔特（Stelter）认为运动心理学是教练学的起源学科之一。教练一词最初也更多是指体育教练。早在20世纪70年代，美国的企业已经利用运动心理学中的干预手段培养员工。在商业环境下，这种"完全以任务为导向、注重绩效强化"的模式是一种典型的运动心理学方法。赫德森也指出，"从运动学角度讲，教练在很多情况下是面向未来的各种能力的体验式学习的指导者"。

布洛克认为，古希腊时期运动教练的出现实际上早于西方哲学。惠特默（Whitmore）指出古典运动教练与现代运动教练还是存在很大差别的，古典运动教练几乎仅注重传授知识，并且其对体育运动的认识往往比运动员更深刻。现代运动教练的首要目标是赢得比赛，教练在过程中为运动员提供指导、体能训练和激励。这种教练过程中的指导和激励主要也基于行为和认知心理学等。

推动现代教练学在商业领域运用的重要人物之一是职业网球教练提摩西·加尔韦（Timothy Gallwey）。他在《身心合一的奇迹力量》一书中提出，体育比赛不仅仅需要体育技能，还需要心理和心灵的力量。赛场上的体育比赛（外在比赛）和运动员自己思想中的比赛（内在比赛）都是体育运动不可或缺的组成部分，而内在比赛更应该是运动员力量的源泉。提摩西·加尔韦指出，网球运动员自己往往是成功的最大绊脚石，而运动员其实都能够指导自己获得成功。提摩西·加尔韦书中的这种体育思想来自人本和超个人心理学原则，他也将这些思想引入到商业领域，开始为美国的企业领导提供教练服务。

弗莱厄蒂指出，提摩西·加尔韦的革命性方法如果不是在球场上被普遍接受，它也不会深刻影响到现代商业教练和生活教练。佩尔蒂埃认为，商业教练之所以使用体育运动中的"教练"一词而不是职场咨询或心理治疗，是因为职场员工都不愿接受治疗一词，而大多数人都对体育运动较为认同——或许，这是因为咨询和治疗总是关注弱点和问题，体育运动的教练则往往与成功的体育人物和获奖相联系。因此，我们可以说体育教练不仅为商业教练提供了实践方法，而且也为商业教练的最初命名提供了重要依据。

## 成人教育与教练

成人教育在商业领域通常被称为培训和职业发展。格兰特（Grant）认为，"成人教育和职场学习与发展的知识对教练学而言影响重大且二者互为相关，教练活动的大部分客户都是成年人，因此教练必须借鉴成人教育的知识来指导教练实践"。而成人教育、学习和发展理论与模式也都源于心理学理论，如皮亚杰（Piaget）的发展心理学、诺尔斯（Knowles）的成人学习理论等。弗莱厄蒂和赫德森都认为成人发展理论和概念是教练活动有效性的重要保证。弗莱厄蒂指出，"从事成人教育的教练必须了解成人发展的基本脉络，从而才能了解客户生活情况的相关环境框架。这些基于研究的理论使教练关注焦点话题并运用卓有成效的方法"。阿克塞尔罗德（Axelrod）也认为"同时包含事业和个人生活的成人发展模式有助于提升教练活动"。

孔子曾说求知有三个境界，即生而知之、学而知之、困而学之。极少之人能做到生而知之，大部分人都是通过主动或被动的学习来发展自己。因此，作为教练，我们也需要知道学习是人类发展、成长和改变的最重要要素之一。考克斯（Cox）曾识别出八种与教练实践相关的学习理论，如：诺尔斯的成人教育理论、梅兹罗（Mezirow）的转化学习理论、鲍德（Boud）和沃克（Walker）的反思实践、库伯（Kolb）的体验式学习理论和学习风格理论、莱文森（Levinson）的生命历程发展理论、马斯洛（Maslow）的价值观与动机以及班杜拉（Bandura）的自我效能理论。

以上我们追溯了教练学的源头，列出了哲学、心理学、管理学、体育以及成人教育对教练活动的影响和贡献。一种新领域的发展通常伴随着一系列的新思想以及研究新思想的方法。教练学在产生、演化和发展的过程中，一直在整合相关领域的思想和方法。可以说，教练学是一个混合领域，是各种现有学科的理论和方法的综合产物。深入了解教练学的起源学科，能够帮助教练从业者更系统地认识教练实践活动中所用的理论和方法，也有助于他们成为更加出色的教练。

第二章 | CHAPTER 2 |

# 教练是领导者的核心工作

本质上讲,教练就是支持被教练者完成某种改变。这种改变如何能够"多、快、好、省"地完成属于管理学范畴;而在改变的过程中,如何处理被教练者的内在动机、情绪和关系等方面的问题则属于心理学范畴。

20世纪末,从管理学和心理学的发展趋势可以看出,教练学关注点逐步从流程和事物转化为人的综合发展,从个体逐步转化为系统,由外在转化为内在,从单学科转化为多学科的整合。管理逐渐从传统工业时代对流水线的"控制管理",转变为知识经济时代更加关注人类本身需求而对员工进行的"愿景管理"。在这样的社会和管理背景下,以人本主义心理学、管理学及相关学科为基础,旨在发掘人类潜力、实现个人和组织最优目标的现代教练学应运而生,迅速成为个人与组织适应时代发展的得心应手的法宝。现代教练学在早期发展中有以下三个关键的人物和机构。

## "绩效 = 潜力 – 干扰"及"地标论坛"

第一个推动现代教练学形成的关键是我们在上一章提到的提摩西·加尔

韦。众所周知，教练学是从体育界的概念中转化而来的，提摩西·加尔韦年轻时获得过网球比赛的好名次，之后毕业于哈佛大学，曾在美国海军陆战队服役，退役后成为一名网球教练。他声称可以教一个从来没打过网球的人，在20分钟内学会打网球。一家著名电视台为了让他出洋相，专门找了一位笨拙的中年妇女参加他的训练，并进行现场直播。在训练中，加尔韦首先告诉这位妇女，要把关注点放到如何把球打到对方的场地上，像玩游戏一样去玩，而不要总觉得自己没有经验、动作不标准和不优雅。20分钟过去了，虽然这位女士的网球打得并不熟练和灵活，但她确实学会了打球和发球。当人们询问加尔韦是如何做到的时，他回答说，自己仅仅是打消了这位女士认为自己不会打网球的内心顾虑。之后，AT&T公司邀请加尔韦为企业高管授课。他讲授的是如何为运动员创造环境、打消内心顾虑、提升运动成绩，而在这些高管密密麻麻的笔记中，记录的却是如何把这种心理调适应用到企业管理当中，提升组织效率。随后，IBM、GE等大公司纷纷邀请加尔韦授课，学习这种模式并将其应用于企业管理中，加尔韦也从体育教练转型为企业教练。他在《身心合一的奇迹力量》中论述道：运动员在球场上要与两个对手对抗，一个是外在的对手，而另一个更可怕的对手则是自己的内心。只有战胜这个内心的对手，运动员的潜力才能得以极致发挥。而教练就是支持运动员克服障碍、挖掘潜力、获得冠军的角色。由此，他提出一个著名的公式：

Performance（绩效）= Potential（潜力）- Interference（干扰）

其中，人的潜力可以通过与他人的相互沟通、表达自己内在想法、请他人揭示自己的盲点来发掘；而干扰既来自外在的对手，更来自自己的内心。提升绩效，就是要发掘更多的潜力，减少更多的干扰。

第二个推动现代教练学形成的关键是位于美国加利福尼亚州大苏尔地

区的伊萨兰（Esalen）学院。这所学院成立于1962年，致力于整合东西方文化进行人类潜力与发展的研究，当时是全世界人本心理学的研究中心。曾经在学院讲学的著名大师包括赫胥黎、马斯洛、罗杰斯、斯金纳，还有形成NLP技术的代表人物萨提亚、皮尔斯、贝特森、埃里克森等。1971年，沃纳·埃尔哈德在学院中组织了关于觉察和自我发展的群体培训课程EST，参与者达到百万之众。20世纪80年代后，这个课程演变成"地标论坛"（Landmark Forum）。埃尔哈德的名言"从未来，而非过去，创造未来"，标志着当时心理学研究开始从传统的问题导向和过去导向，转变为成果导向和未来导向，这也是现代教练学和积极心理学的基础核心理念。但在早期，该类型的课程中运用了群体治疗的方式，采取了一些诸如催眠的精神控制方法、"棒喝"和强制老学员"感召"新学员等的方式，因而被大众所诟病。这类课程也是现在国内各种号称"三阶段"领导力训练的前身。

推动现代教练学形成的第三个关键是建立了教练学规范和标准的托马斯·隆纳德。他非常聪明，善于创造概念和理论，早期曾参加过美国的"地标论坛"并为其工作，他发现，人们要求成功的领域并不仅仅是财富方面，而是涉及生活的方方面面。他不喜欢"论坛"所采取的团队处理的方式，于是开始尝试使用当时心理学的各种工具，用一对一的方式来改变对方，从而形成一整套工具和方法体系，进而开发出自己的"经营人生"课程。随后，他开办了世界第一所教练学院，和众多志同道合者于1994年成立了该领域世界第一个行业协会——国际教练联合会，并提出教练学的标准和规范，推动了教练学的快速发展。

从教练学形成的历史可以看出，教练学来源于心理学和管理学的社会需求和实践，关注于人的潜力发挥与个性发展，进而提升组织效率，最终形成了一门交叉学科，从而反过来又推动了社会和人类的和谐与进步。

## 行为改变与信念改变

从不同的角度，教练学可以分成不同的流派。如果按教练工具的来源划分，就可以分为 GROW 教练、NLP 教练、本体心理学教练、积极心理学教练等。我们按照教练学应用的场景或对象，把它划分为个人教练和团队教练两种类型（见图 2-1），后文我们将一一详述。

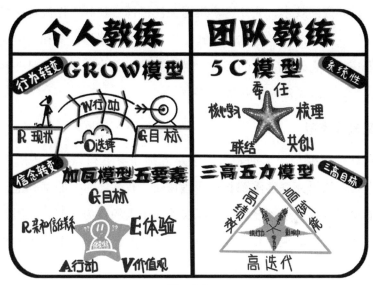

图 2-1

## 个人教练

在个人教练流派中，我们可以比较一下国际知名的 GROW 教练模型和我们提出的加瓦教练模型。GROW 教练模型主要关注人外在行为层面的改善，而加瓦教练模型更多关注人的内在动机和价值观层面。

### GROW 教练模型

GROW 教练模型是改变个人客户外在行为层面，如环境、动作、能力和流程等方面的教练学模型。GROW 教练模型包括如下四个方面的内容。

- G（Goal）：目标是什么？
- R（Realistic）：现状是什么？
- O（Option）：选择有哪些？
- W（Will）：将要做什么？

GROW 教练模型具有简单实用、见效快等特点。其中大量使用管理学的各种工具和提问技术，能让客户迅速关注目标，找到工作流程中可以提升的领域并迅速加以改进。但这种方式也有很大的局限性，就和传统的"控制型"管理一样，它忽视了人的态度、潜力和组织文化的影响，是一种就事论事的方法，效果缺乏深入性和持久性。

**加瓦教练模型**

加瓦教练模型是加瓦创始人黄学焦老师在参考和总结国内外各流派教练，特别是在埃里克森学院院长玛丽莲博士"教练之箭"的基础上，提出的针对价值观的教练模型。该模型不仅仅关注于人的行为这些表面因素，更关注于人的动机、价值观及其形成过程，虽然耗时比较长，但客户的改变却是深刻持续且长久的。加瓦教练模型中的主要模块有五个：目标、体验、价值观、行动、亲和信任关系。在本书的第二篇，我们将重点介绍加瓦教练模型的流程、技术和应用案例。

**团队教练**

在教练学推广和应用的过程中，企业也逐渐开始为组织中的高管采购大量高管教练服务。虽然这些一对一的高管教练服务最终帮助了企业高管的成长，但却没有在企业中实现更大范围组织绩效的提升。于是，为企业服务的教练开始结合培训、组织发展咨询、团队引导等技术，探索针对组织的团队教练模式。这种团队教练模式不仅能够帮助员工提升工作绩效，而且能够结合组织管理与组织文化的特点，对组织的变革和组织绩效的提升更有影响力。

目前，国内外现有的团队教练体系，大多聚焦于如何梳理和解决团队内部成员的关系和流程，而《高绩效团队教练》的作者霍金斯教授提出，团队教练不仅要关注团队内部的这些要素，还要把团队置于更宏观的组织和社会环境中，研究这个系统中的各个利益相关者之间的联系与作用，从而让团队成员，尤其是团队领导者能够高瞻远瞩、防微杜渐，找到组织问题的真相并予以解决，最终提升组织绩效，履行社会责任。霍金斯教授的团队教练 5C 模型主要包括：委任（Commissioning）、梳理（Clarifying）、共创（Co-creating）、联结（Connecting）与核心学习（Core Learning）五个部分。在国内传播和实践霍金斯教授团队教练 5C 模型的过程中，我们结合国内企业团队教练应用的环境特点，建构了团队教练的三高五力模型。在该模型中，团队教练的三个目标是：高绩效、高赋能与高迭代，达成三高目标需要建构的五种能力包括：交付力、执行力、凝聚力、影响力和学习力。本书将在第三篇对此模型的运用流程、技术和案例进行详细的介绍。

## 领导者 = 培训指导 + 教练

提起领导者一词，我们脑海中也许会出现一幅金戈铁马，气吞万里如虎的英雄形象，如拿破仑、成吉思汗。还有企业家韦尔奇、任正非等，而现在我们周围的领导者都有哪些形象呢？

### 领导者的三种分类

领导者大致可以分为三类：一类是强势指令型，典型形象就是《亮剑》中的李云龙，军队中就有很多这种类型的领导；一类是根因分析型，即通过回顾和反思过去的不足来解决问题，很像一个咨询师；还有一类是赋能服务型，典型形象是电影《卡特教练》中的这位卡特教练，他用心辅导和激励一帮被社会认为人生没前途的中学生打篮球，让孩子们建立自尊、追求梦想，不但让球队成为当地的常胜将军，而且几名球员还破天荒地考上了大学，创造了学校新的里程碑。

### 库泽斯和波斯纳的领导力定义

国际知名的领导力专家库泽斯和波斯纳把领导力做了如下的定义：感召大家，为了共同的目标而努力奋斗的艺术。他们还将这门艺术分为"以身作则、共启愿景、挑战现状、激励人心、使众人行"五大行为，并进而细分成十大使命和三十项具体行动。我们可以观察到，每一个领导者身上都有这五大行为特色。而我们从教练的定义可以看出，教练是可以帮助领导力的五大行为落地的方法和艺术，两者的目的有异曲同工之妙，教练型领导力是通过教练学的方法提升自己和他人的领导力。

### 教练型领导者的概念

教练型领导者的日常工作，基本上包括两个方面的内容：

$$教练型领导者 = 培训指导 + 教练$$

当员工有意愿却没能力时，教练型领导者的工作是言传身教地告诉他如何去做，这是指导或培训；当员工有能力但无意愿时，领导者就要挖掘员工的内在动力，给他赋能和激励，这就是教练；而对于那些既有意愿又有能力的下属，领导者可以用教练的方式，让下属清晰地阐述自己的目标和行动计划，经完善后授权下属执行；当员工既无意愿又无能力时，结果只能是转岗或者淘汰（见图2-2）。

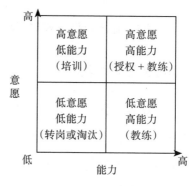

图2-2 员工不同意愿、能力应对图

从这里我们可以看到，指导和培训属于增量开发，假如某人的学识或能力有 100 分，那么通过指导和培训，能够让其达到 150 分，这就是增量开发，也就是指导和培训的价值所在。但同时我们也会看到，如果一个人的学识和能力有 100 分，而在生活和工作中仅仅只发挥出了一部分，这时就需要进行存量开发。而领导者作为教练，重点关注的应该是员工已有能力的最大化发挥，尤其是针对智力型员工或者高层管理者，听取他们的意见取得共识，是企业成功的核心因素。

所以，现在你就能理解为何世界第一 CEO 韦尔奇会说"每一位领导者首先是一位教练，伟大的领导者是伟大的教练"这句话了吧。可以说，教练是每一个领导者和管理者，尤其是在 VUCA 时代，所必备的素质和能力。

### 教练型领导者的前景

从深度上来讲，领导力"五大行为"的修炼是没有尽头的，这说明作为教练型企业家，这种修炼对自己和自己的组织也是没有尽头的。而且在 VUCA 时代，面对越来越多的知识型员工，各级领导将从传统的命令控制方式向教练式领导方式转变，将用追求共同事业的愿景来感召和挖掘员工及团队的潜力，这是未来促进企业高速成长的必由之路。

从广度上来讲，教练现在已经应用在健康、教育、家庭辅导等各个领域，成为一门以发掘个人与团队潜力的科学工具和方法为基础，逐步扩展成为如何更好地幸福生活的艺术。深入提高这方面的技能，也会大大地促进每一个领导者在生命的各个领域找到完美的平衡，从而让个人和企业都走上良性发展之路。

### 教练的效果

据世界最大的教练组织——国际教练联合会 2009 年统计：在组织内实

行教练学，对个人的平均投资回报率为 3.44%，对组织的是 7%，对世界上第一个全面引进教练的 IBM 而言是 5.63%。

《财富》杂志针对参与者绝大多数是《财富》1000 强企业管理者的一项调查结果显示，教练课程参与者估计教练课程的价值是公司所付代价的 6 倍，因此一个 18 000 美元管理教练课程的投资会带来大约 108 000 美元的价值。

一家国际教练公司——教练合作有限公司针对某大型制造企业教练项目的投资回报分析[1]得出如下结果。

（1）受访者中认为教练对个人能力的各个方面都有很大影响或是一定影响的比例（见图 2-3）。

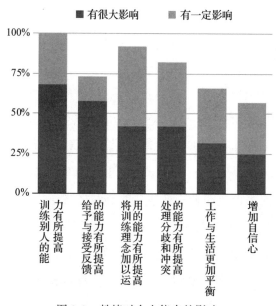

图 2-3　教练对个人能力的影响

（2）受访者中认为教练对合作、沟通以及团队协作的各个方面都有重大影响或一定影响的比例（见图 2-4）。

---

[1] 德雷克，布伦南，戈尔茨. 教练式管理[M]. 黄学焦，王之波，译. 北京：北京大学出版社，2013.

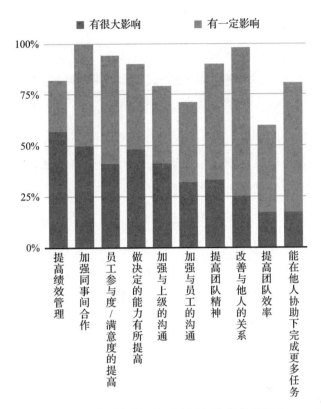

图 2-4　教练对合作、沟通以及团队协作的影响

（3）受访者中认为教练对有形收益的各个方面有重大影响或一定影响的比例（见图 2-5）。

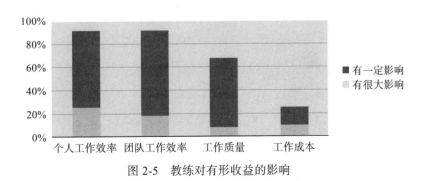

图 2-5　教练对有形收益的影响

研究一项事业的历史，就可以展望这项事业的未来。教练学作为21世纪人类改变和组织发展的重要思想和手段，已经不仅仅局限于企业内部员工和团队提升绩效，更被广泛应用于政府、医院、教育等领域。例如：哈佛大学下属一所医学院就设立了教练研究小组，旨在配合医生进行药物治疗的同时，给病人进行心理调适；哥伦比亚大学的教练学硕士文凭课程是其商学院和教育学院的合作项目；积极心理学鼻祖赛利格曼博士在宾州大学把教练学应用于政府、军队和警察的培训工作中。

总之，虽然教练学对国内很多企业和个人而言是一项新鲜事物，但其推广和应用是时代发展的需要和趋势，国内很多与时俱进的专业人士和企业家都在不同的领域，如政府、企业、教育等方面进行尝试和应用，取得了良好的效果。所以，各行各业学习教练学必将为提高人们的幸福指数、提升企业和组织的管理水平和绩效、建设民主和谐的社会做出贡献。

## 02

第二篇

# 用对话唤醒生命

知人者智，自知者明。

——《道德经》

个人教练是教练发展的基础，教练帮助被教练者获得改变的方向和动力。教练过程由传统心理辅导的以问题和过去为焦点的方式，发展成为以目标和未来为关注点，实现了解决问题由纠错的根因分析向探讨未来可能性的转化。这样，人们在改变和追求理想的过程中，更加开放、快乐，也更符合人性的需要和发展。

　　国际教练联合会认为，教练是客户的长期伙伴，通过创造性地引发客户深度思考，激励客户最大化地提升自我认知与发掘职业潜能。

　　我们加瓦对教练的定义是：教练是一种通过伙伴式的关系，用对话挖掘客户潜力，排除障碍，支持客户实现目标和梦想的学问。

　　上述对个人教练的定义与要求，同样也是现代教练型领导者发挥员工和团队潜力、实现企业愿景的必由之路。本篇将系统介绍教练型领导者应该秉持的理念和加瓦教练模型，以及加瓦教练模型应用过程的"156法则"等。

| CHAPTER 3 | 第三章

# 教练型领导者的理念

## 教练型领导者的六大理念

理念,存在于人类的心智模式中,时时刻刻都影响着我们在生活和工作中对人和事的态度,进而影响每个人的行为。而作为教练型领导者,需要激发团队每个人的潜力,使之成为最好的自己,从而为实现组织目标添砖加瓦。那么,这样的领导者需要秉持什么样的理念呢?总结起来,教练型领导者需要秉持如下六条理念(见图3-1)。

图 3-1

第一条,每一个人都是独一无二的,都有其独特之处和先天优势。

每一个人在这个世界上都是独一无二的,每个人都有其独特的个性和价值。即使是古代孟尝君座下的"鸡鸣狗盗"之徒,也在特殊的时机发挥了特殊的作用。领导的主要工作就是"定好向，选好人，分好钱"，领导者的作用就是把人安排到适合他的地方，让他做适合他做的事，发挥他最大的价值。如果让慢脾气的人去做开拓性的、需要随机应变的工作，或者让一个急躁的人从事会计审计一类需要细致耐心的工作，对他个人和组织都将是一种极大的浪费。

**第二条，人人都具有获得成功快乐的资源。**

从这个角度思考的话，我们就能够意识到，每个人都有足够的资源和能力让自己变得更好、更幸福、更快乐，都可以通过努力实现自己的梦想。而不是整天哀叹怀才不遇、抱怨苍天不公，把命运和希望寄托在其他人或组织上，自己却不愿奋起直追，改变命运。教练型领导者的作用，就是要帮助被教练者发掘和应用这些内在的资源，激发每个人的内在动力，最终实现在个人、组织和社会层面的共赢。

**第三条，每个人都会做出当下最优的选择。**

每个人在决策那一刻的选择，都是在他的思维和所拥有的资源下能做出的最优解。人不会拿自己拥有的资源去选择次好的东西，他只会选择自己认为最合适的那一个。从这个角度你就能够理解，当两个人的水平、能力、眼界不同时，他们的认知就会有很大的偏差。在你的眼里，他的决定可能愚蠢至极；但从他的角度来看，这是他能做的最好的选择了。领导如果想要下属有所提升的话，就需要不断地进行培训、辅导，提高下属的能力。这样，下属的想法或行为才能有所改变，在领导的面前就不会出现"鸡同鸭讲"的现象。也就是说，用导致问题产生的思维方式是永远解决不了这个问题的，所以教练型领导者需要让员工不断突破自己，从而真正地成长。

**第四条，每个行为背后都有正面的意图。**

这句话的意思，就是人们做的每一件事的出发点都是好的、对他自己而言有积极意义的，但造成的结果却可能千差万别。举个极端的例子，马加爵杀害室友的行为，背后能有什么积极意图呢？作为他来讲，这样做的本意是想在受到长期羞辱之后，试图证明自己是有自尊的，自己是有反抗能力的，这些是他的正面意图，但是他采取行动时的思维、方法和手段出现了问题，最终并没有达到他想要的结果，反而因触犯法律而丢掉性命，还对自己的家庭和整个社会都造成了不可弥补的伤害。所以，教练型领导者需要理解下属某些不当行为背后的正面意图，及时加以纠正，把指责抱怨的情绪反转成积极正向的一面。

**第五条，讲道理重要，但是有效果更重要。**

自然科学是讲究逻辑的，比如 1+1=2，在数学中就是颠扑不破的真理；但是在人文科学中，跟人打交道并不能只讲逻辑，更多的还是与情感相关的东西。因为关系虽然也有理智的部分，但人的情绪和本能有时候会产生更大的影响。每个人都有自己的信念和道理，这就导致不同的人对同一事物的看法会多种多样，甚至是完全相悖。所以，每位领导者在解决人际问题时，要因人而异，灵活地运用影响力，避免生搬硬套所谓的大道理。否则，结果往往是你赢了"道理"，却失了人心。我们所说的以理服人，其中的"理"是需要其他人也明白或认同的。如果对方不明白或不认同你秉持的"理"，就会变成"鸡同鸭讲"，对解决问题毫无裨益。

**第六条，变革不可避免，一定会发生。**

世界上唯一不变的就是变化！2000 年，任正非在名为《华为的冬天》的演讲中说："十年以来，我天天思考的都是失败，对成功视而不见，也没有什么荣誉感、自豪感，而是危机感。"理解了这一点，教练型领导者就不会故步自封，觉得现在的日子挺好，认为今后也不会发生什么变化，而会居安思危，时刻记得世界随时都在改变，并为此做好准备。在此基础上如果还想更进一步，那就需要领导者超越这种变化，由被动接受转变为积极应对，由怨天尤人转变为操之在我，敢于在变革的浪尖上舞蹈。几年前，当华为首席财务官孟晚舟被西方强制扣留时，有人问道：华为是不是已经到了最危险、最危难的时刻？任正非很坚定地回答了一句"不会！"。"在我们没有受到美国打压，孟晚舟事件没发生时，我们公司才是最危险的时候。惰怠，大家口袋里都有钱，不服从分配，不愿意去艰苦的地方工作，这才是危险状态了。现在我们公司全体振奋，整个战斗力蒸蒸日上，这时的我们怎么会到了最危险的时候，应该是在最佳状态了。"只有这样去理解变革、应对变革、超越变革，教练型领导者才能和组织一起，在这个 VUCA 的时代，甚至是内外交困之时，不骄不躁、转危为安，永葆企业基业长青。

## 如何挖掘员工潜能：三脑理论

### 整体概念

首先请大家思考一个问题：世界上的动物有成千上万种，我们人类和其他动物最大的不同在什么地方？答案就是两者的大脑结构，也正是这一点决定了我们在地球上处于生物链的最顶端。大家知道，动物的进化经历了两栖动物、爬行动物、哺乳动物等多个阶段，最后出现了人类，其实这些阶段都会在我们的大脑结构中留下痕迹，就像我们研究树的年轮、地壳的分层就能看出其年龄和变迁一样，我们也可以通过研究人大脑的功能进化，来探索人与动物的不同之处，这种区别也就蕴藏着我们人类的潜力。

三脑理论（Triune Brain Theory）是由美国国家精神卫生研究院神经学专家保罗·麦克里恩在 20 世纪 60 年代提出的，详情可见图 3-2。

这是一张大脑的功能图，不是一张解剖图。在这个功能图中，虚线的部分是人的脊椎。而脊椎顶端与大脑相连的凸起部分是我们的爬行脑，即本能脑，也就是图中最内核的区域。本能脑外面的一层是我们的哺乳脑，即情绪脑。在情绪脑的外面，也就是大脑的最外层，是大脑皮层，我们也称为视觉脑。这种结构大致简单地说明了人类从脊椎动物发展到哺乳动物，再到现在这种状态的进化过程。

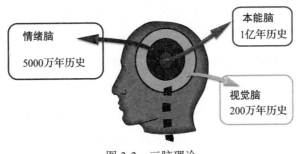

图 3-2　三脑理论

## 功能

下面我们分别介绍一下三层大脑各自的功能。

本能脑是关于直觉的，就像一个 24 小时持续开机的监控器一样，自动维持、巡查和保护我们的身体，例如我们的体温、心跳、血压等都是受本能脑控制的。当我们的手碰到开水时会自动避开，当别人出拳打过来时，我们也会不由自主地反击、僵住或者逃避，这些都是本能脑为了保护我们自己不受伤害而做出的自动反应，而且它已经有 1 亿年的历史了。

本能脑外面的一层是情绪脑。其实，所有哺乳动物的情绪脑有 98% 是相似的，这就是人类天生与哺乳动物亲近的原因。这是怎么形成的呢？从脊椎动物进化到哺乳动物的过程中，人类学会了群居以便更好地应对各种危险，而群居给人类带来的最重要的变化就是要处理人际关系和形成各种情感，例如家庭成员之间的亲情。这种相互之间产生的情感，进而能够合作共事，沟通交流，让哺乳动物比脊椎动物高了一个层次，情绪脑的功能也由此体现。

情绪脑是关于情感、家庭和养育后代的。它非常不喜欢变化。想象一下，如果你的情绪从早到晚忽高忽低，像坐过山车一样，你的感受会舒服吗？因此，情绪脑天生就抗拒变化。在哺乳动物的群体中，不论是狼群还是猴群，当头王产生后，其内部的等级制度会变得固化而严格，而且在一定时间内不会改变。情绪脑还会受到语音语调的巨大影响，哺乳动物的叫声不同，含义也不同，而人类发展出了更为复杂的语言模式，如果同一句话用不同的语音、语调和语速说出来，我们的感受是完全不一样的。

情绪脑的"工龄"也有 5000 万年了。也就是说，本能脑和情绪脑到现在已经一起工作了 5000 万年，已经像亲兄弟一样紧密地联系在了一起，它们之间的协调性非常好。两者共同的反应模式就是非黑即白，没有多余的选择。也就是说，一旦我们开始做出指责、抱怨、愤怒等具有攻击性的行为，让对方感觉到了危险，其本能脑就会首先进入保护模式，连带着情绪脑产生应激反应，要么干架、要么僵住、要么逃跑。西方心理学家曾经在某大企业员工集体办公的大厅做过多次测试，每次让一位领导当众咆哮着指责一位员工，结果发现不仅该员工当天无法恢复正常工作状态，大厅中的很多其他员工也都因此受到巨大的负面影响，很长时间都无法恢复到正常的工作状态。

情绪脑外面又包裹了一层白色的带有大量褶皱的大脑皮层，皮层里存在着无数的神经元和触突，这部分称为视觉脑。虽然视觉脑仅仅有 200 万年的历史，但这是人类大脑比其他任何生物的大脑都发达的部分。视觉脑让人类既具有了独一无二、天马行空、无中生有的想象力和创造力，也拥有了缜密的逻辑思维能力。大脑皮层主要处理的是空间、愿景、想象、视觉化、语言与逻辑结构等更为复杂的概念。每当视觉脑的神经触突有了新的连接，脑神经就会产生新的回路，人就会冒出一个新的想法。与本能脑和情绪脑相比，视觉脑显然属于"晚辈"，所以，它只在放松的时候，也就是本能脑没被激发时才能达到最好的工作状态。也就是说，如果本能脑受到威胁产生自我保护时，视觉脑便会停止工作。举个例子，当你突然被人拿枪指着脑门的时候，你的大脑是飞速地运转还是一片空白？或者说小时候做错了事，被父母责骂的时候，你的大脑里是充满着丰富的想象，还是一片空白？反过来思考也一样，不管是科学家还是普通人，有时候绞尽脑汁、搜肠刮肚想不出来的东西，可能在洗热水澡的时候灵光一闪，问题就迎刃而解了。如牛顿在苹果树下午休时被掉下来的苹果砸到，他开始思考为何苹果不往天上飞却往地下掉，于是发现了万有引力定律；而阿基米德也是在洗澡时，琢磨自己在澡盆中的浮力和水溢出体积的关系，顿时醒悟就提出了阿基米德定律。这些例子都说明了视觉脑与本能脑和情绪脑非打即逃的反应模式截然不同，它在轻松的状态下最能发挥其创造力和想象力，想出更多的策略以解决问题。

**意义**

了解这些大脑的结构有什么意义呢？虽然如今脑神经科学发展迅速并越来越复杂，三脑理论相对已经显得过时，但却能简单概括地解释教练为何有效这个问题。首先，视觉脑是人类进步的动力之源，因为相比其他动物而言，人类的视觉脑是最发达的，这让人类具备了无中生有的能力。因此，领导者要发挥人的潜力，就一定要从视觉脑出发，发挥其中关于想象的、空间的、逻辑的那部分功能，这样既可以激励下属，又可以进行创新。

其次，当本能脑和情绪脑被威胁所激发时，人就进入了自我保护的防御状态，这时其他系统就会停止工作，只为保护自己的本能而服务。所以，领导者在工作中应该灵活应用这一点，需要让大家坚决执行时就启用大家的本能脑，就像军人的口令一样，可以让大家迅速行动、整齐划一。

第三点是本能脑与过去的事实有关，情绪脑与当下有关，而视觉脑与未来和愿景有关。过去的精彩故事可以让人感动，活在当下可以让人更有觉察，而未来的憧憬可以让人充满能量。

那么，这对教练型领导者又有什么启发呢？从上面的阐述中我们可以看出：教练型领导者要做的事情是与人类的本能相反的。例如，当人们受到威胁时（例如员工受到上级的指责时），本能脑首先启动，连带着配合默契的情绪脑一起做出负面反应。这时候，人就会处于一种逃跑或是打架的极端状态。与此同时，视觉脑就会因为生存压力而全面停止工作，人的想象力和创造力被封闭，只是疲于应对生存的需要，如恐惧、烦恼、担忧或归罪于外、找借口等。所以，如果你是一位领导者，在大家从事创新型的工作时便不要过度施加压力，说一些类似于"今天是决定你们一生的时刻""如果这个项目失败大家都会降薪降职甚至失业"等等类似的话。因为在这种巨大的压力下，本能脑和情绪脑会联合抑制视觉脑的功能，大家的想象力和空间感无法很好地发挥作用。

所以，教练型领导者就是要让大脑这一由内向外的本能反应颠倒过来，有意识地由外而内地工作。首先建立轻松、放松、信任的环境，以启动员工的视觉脑，即先消除员工消极不安的负面情绪，用轻松的氛围启发大家的视觉脑，让大家看到未来愿景里优美的画面和成功的场景，当大家能够真正体会到这种美好时，内在的变化就会悄然产生。这种反转产生正向的能量，让大家的情绪脑生发出愉悦快乐的情绪，由此再影响本能脑，让员工们积极采取行动，并坚持下去，养成习惯。所以，我们介绍三脑原理的目的，就是让各级领导者或管理者理解，如果要发挥人的潜力，也就是要发挥人类本身独有的特质，即最大限度地发挥视觉脑的功能。

这里需要强调的是，情绪脑是受语言直接影响的。由于文化的原因，国人都不善于表达甚至有时会压抑自己的情感，所以很多领导者说话的语音、语调和语速缺少起伏和变化，处于平铺直叙的时候很多，导致大家经常昏昏欲睡。而另一方面我们却看到，国际上很多大政治家、大企业家都是演讲高手，他们可以用声音征服众多听众，让大家共同为某种愿景而奋斗。作为教练型领导者，首要的任务就是有能力保持与被教练者之间的亲和信任关系，所以，加强语言方面的训练，根据情况分别刺激本能脑、情绪脑和视觉脑，从而产生不同的效果，对领导者提升情商和沟通能力是非常重要的。

| CHAPTER 4 | 第四章

# 教练型领导者的对话技术

## 加瓦教练模型

加瓦教练模型是黄学焦老师整合以前学过的各种教练流派,又结合学习领导力大师库泽斯和波斯纳的《领导力》及其姊妹篇《培养卓越领导者的教练指南》的心得和实践,提出的一套对教练的理解方式和操作思路,适用于教练型领导者学习、应用教练对话。同时,无论是个人教练还是团队教练,这个模型都可以使用。

加瓦教练模型中的核心要素有五个:目标(Goal)、体验(Experience)、价值观(Value)、行动(Action)与亲和信任关系(Rapport),这几个词汇的英文首字母是 GEVAR,其英文发音和中文"添砖加瓦"中的"加瓦"近似,所以我们就把它称为加瓦教练模型,意指教练从事的是帮助和支持别人成功的工作。

如图 4-1 所示,把加瓦教练模型画成一个齿轮,意味着时刻进行的改变和与其他系统的啮合。图形中的加瓦教练模型分为三个层次,最中心是亲和信任关系,这是领导者能否进行教练的基础;第二层次由小人和四个头尾相连的箭头组成。小人左右有两个圆，右边圆表示教练对话的开场阶段，左边代表谈话结束时需要总结，箭头表示教练对话的四个阶段（要什么—G目标；像什么—E体验；为什么—V价值观；做什么—A行动），这四个阶段也是被教练者需要思考的四个核心问题。教练对话的开场和总结，加上中间四个阶段，共同组成了加瓦教练模型的六个步骤。这个过程随着教练对话的深入是可以循环往复、螺旋上升的。第三层次表示的是教练型领导者应具备的五大能力，即正念、聆听、提问、厘清和反馈。

图 4-1　加瓦教练模型

理解加瓦教练模型 GEVAR 这几个字母的含义，是能否掌握这个模型的核心，也是教练对话能否顺利进行并达到效果的关键。

G——Goal 目标

首先，教练对话的目的是帮助被教练者解决问题、达成目标。在一次教练过程中，被教练者首先要明确一个具体的目标，这样教练型领导者和被教练者接下来的所有工作，就有了继续开展的基础。当然，目标一般指的是短期的成果，例如 3 个月或半年、一年。如果双方探讨的是一个比较长远的目标，我们就称之为愿景。愿景就是可视觉化描绘的长远目标。愿景的形成，无论对个人还是团队，都非常重要。其实，教练对话的过程，就是将愿景、目标、能力和行动几方面协调一致，进而生成行动方案的过程。

### E——Experience 体验

体验是指被教练者对目标或愿景达成后的景象和感受的视觉化体验。这一点很重要，因为当被教练者展望自己的愿景时，大脑皮层就开始被激活。据心理学研究，当大脑对某种事物产生视觉化时，人体的机能就会进入视觉化呈现的那种状态，产生那种"身临其境"的感觉，就像看电影大片一样，能够让人进入最有能量、最有创造力的巅峰状态，从而为接下来的改变提供巨大的动力。"望梅止渴"的故事就是这种效果的最佳描述。

### V——Value 价值观

设立了愿景，体验了愿景实现的巅峰状态之后，为了保持这种巨大的动力，就需要明确这种结果对自己生命的深层意义，这就是要探索被教练者的价值观。如果仅仅是一个短期的目标，这一点可理解为明确实现目标的重要性或带来的某些好处。价值观是一个比较概念化的词语，指的是对你生命重要的观念，如幸福、快乐、成就、贡献、公平、公正、和谐等。当实现一个愿景或解决一个问题被上升到被教练者的价值观，尤其是核心价值观层面时，该愿景就会与其更深层的人生追求进行连接，由此产生的内在动力显然是巨大和持续的。这不但可以使被教练者对未来愿景知其然，也知其所以然，所以在被教练者面对现实的困难时可以为其提供巨大的心理支持和动力。

### A——Action 行动

史蒂芬·柯维在其名作《高效能人士的七个习惯》中讲道：人的改变分为两个层次，一个是心智改变，另一个是行为改变，也可以称为习惯改变。

而且在很多情况下，行为和习惯改变一点都不比心智改变的难度小。

前面所讲的制定目标（G）、引发体验（E）和连接价值观（V）这三个步骤，属于心智改变的范畴。而完成前三个步骤后，需要在水到渠成的氛围中规划出有可操作性的行动方案。这样，教练对话的成果就落实成为一个非常具体的行动计划。随后，教练型领导者还需要督促其完成这个计划，做到"知行合一"。其实，教练型领导者最大的价值，就是陪伴被教练者完成从发掘潜力到实现目标和愿景的整个改变的过程。

### R——Rapport 亲和信任关系

心理学证明，人在紧张、恐惧和情绪过激时，激发的更多是保护自己的本能反应，这时人是没有创造力的，只有在愉悦放松时，人们才能够启动视觉脑发挥创造力。所以，整个教练过程需要一种亲和信任的环境。处在安全、尊重、平等的氛围中，被教练者才能够敞开心扉来探讨改变与发展。

以上五项要素是加瓦教练模型的关键。前四项是教练对话的核心问题，第五项是教练流程所必备的环境。教练型领导者最好能够与被教练者在深入的价值观层面进行交谈，虽然需要时间比较长，但一旦发生改变，这种改变是深层且革命性的，涉及人的内心本质或组织的深层文化，由此具有高能量和持续永久的特点。

我们应用加瓦教练模型时需要注意两点。

（1）加瓦教练模型与领导力五大行为的关系。

国际领导力大师库泽斯和波斯纳提出的领导力五大行为，即以身作则、挑战现状、共启愿景、激励人心和使众人行，与加瓦教练模型中的建立信任、设定目标、引导体验、探索价值观和行动方案存在着一一对应的内在关系。

建立信任最重要的就是以身作则。若不能以身作则，就不可能在逻辑层次的各个方面与对方匹配，也就建立不起来真正的亲和信任关系。教练型领导者和被教练者一起工作的过程，实际上就是要挑战现状，厘清现实，找到改变的突破口，从而实现未来的梦想。被教练者把各级目标视觉化的体验过程就是共启愿景，即把团队或组织的愿景和被教练者自己的梦想结合在一起，为员工安心立足于企业共同发展提供基础。而探索价值观就是在激励人心，把共同的愿景、目标和员工自己内在的价值观，尤其是核心价值观进行连接，员工内在的动力自然就被激励起来了。使众人行，就是需要教练型领导者和员工一起，详细地规划并实施行动方案，多、快、好、省地实现目标。

所以说，加瓦教练模型不仅仅是一个教练模型，也是一个领导力的模型。学习教练，就是在提升人们的领导力。现在，你是不是就更能够理解为什么韦尔奇会说："每一位领导者首先是一位教练，伟大的领导者是伟大的教练。"这句话了吧。

（2）模型与团队教练的关系。

加瓦教练模型不仅适用于一对一的企业个人成长方面的教练对话，也可以应用于团队教练的项目，只是需要我们把整个团队当作一个有机体来对待。

例如下文要讲到的加瓦教练模型的"156"法则在团队教练中的应用。1个中心就是需要教练以被教练团队为中心，了解整个团队的文化和氛围，以及每个人的个性和在团队中的岗位和作用，从而能够迅速和整个团队建立亲和信任关系，让大家愿意把团队内部的真相反映出来并予以处理。团队教练中应用5项能力时，也同个人教练类似，只是这时教练面对的是一个团队，需要用5项能力探寻和厘清团队内部潜在的相互关系、动力以及阻力。而6个步骤也需要整个团队在一起完成。例如，在一起共创愿景时用团队雕塑来展示，确定团队文化和纪律，在目标节点、行动步骤和检视时间方面达成共识等，以求在各个环节不仅能够集思广益，达到高度的共识，还能够相互配合协调，共同为团队成果承担责任。

在后面章节中我们将举出的用思维导图分解招生目标的案例，把模型用于如何实现整个团队招生的目标，区别只是每一个目标节点，由原来的一个人变成由团队不同的人来执行和完成。如果在一个项目中，团队成员能够共同完成目标分解，每个人的责、权、利清晰明确，相互之间达成高度共识和承诺，就能够为后面工作的顺利进行打下良好的基础，即使遇到局部的变动也能达到平衡和协调，保证顺利完成工作，实现目标。

## 加瓦教练模型的"156法则"

加瓦教练模型是一套领导者学习和应用教练的系统，上面给大家介绍了加瓦教练模型的五个核心元素，但为了便于大家理解和应用，我们又提出了加瓦教练模型的"156法则"（见图4-2），具体说明如下。

图 4-2

"1"指的是以被教练者为中心，强调与被教练者建立持续性的亲和信任关系（即加瓦教练模型中的R部分）。这个关系没有了，教练过程就无法进行了。所以我们有"无信任，不教练"的说法，即在整个教练过程中，都要时刻保持教练型领导者和被教练者之间的亲和信任关系，才能够让谈话有效、深入和持续。

"5"指的是教练型领导者需要培养五种能力，即正念、聆听、提问、厘清和反馈。其中，正念是训练思维的关注力，同时让心智回归原点以进行深入的觉察；聆听是要全方位地接收和准确地把握各种信息，以获取真相；提问是让被教练者自己进行思考，发掘其本身的主观能动性；厘清就是层层剥洋葱，看清楚问题的本质；反馈一方面能让对方认识到自己的盲点，另一方面对对方的某种行为进行评价。

"6"指的是我们提出的包含6个步骤的教练流程。除了教练对话的开场和总结外，中间囊括了四个核心步骤，分别是目标、体验、价值观和行动，具体内容如下：

- 第一步是**开场**，教练和被教练者建立亲和信任关系，并聚焦本次谈话的主题范围。

- 第二步是确定被教练者的**目标**，双方要制定明确的合约，明确回答**要什么**的问题。

- 第三步是让被教练者**体验**愿景与使命，体验目标实现过程中正、反情绪的状态，让其对目标进行评估和体验，明确回答目标**像什么**的问题。

- 第四步是让被教练者探寻**价值观**，找到激励的内在动力，深入觉察实现这个目标对人生的意义何在，破除其内在的限制性信念，用价值观来固化被教练者对目标/愿景的坚定性和持续性，明确回答**为什么**的问题。

- 第五步是让被教练者采取**行动**取得成果阶段，需要把目标转化为分步骤、分阶段的行动计划，明确实现目标的台阶是如何一步步走完的，同时思考其间可能出现的问题和对策，明确回答**做什么**的问题。

- 第六步是结尾的**总结**，回顾整个教练流程，对照第一步的主题，评估教练对话的效果，并对被教练者表示鼓励和欣赏。

而双方的亲和信任关系则始终处于六个步骤的核心地位。任何时候失去了亲和信任关系，教练工作就要停止进行，直到信任关系修复后才能继续。

以上这几部分共同形成了加瓦教练模型的整体框架。

## 一个中心：以被教练者为中心建立亲和信任关系

在教练过程中，教练型领导者需要与被教练者就某些话题进行深入的探索。可是，如果双方之间没有高度的信任，教练一定会无功而返。谁愿意对一个虚伪、华而不实的人掏心窝子呢？所以，教练型领导者需要体现出很高的情商和领导力。

我们可以用逻辑层次匹配法来提升亲和信任关系。逻辑层次是罗伯特·迪尔茨在著名心理学家贝特森学习理论的基础之上提出来的⊖，类似于马斯洛的人类需求层次（见图4-3）。他把人类成长和学习分为六个层次，从低到高分别是环境、行为、能力、信念/价值观、身份和愿景。在这个系统中，高层次决定低层次，低层次对高层次有支持作用。逻辑层次让人们看到系统中不同元素的层次、动力和关系，是我们学习和应用教练时经常使用的一个有力工具。

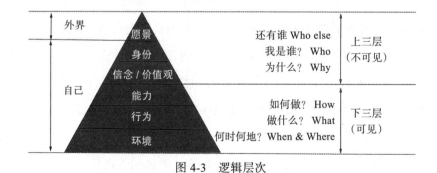

图4-3 逻辑层次

---

⊖ 迪尔茨. 从教练到唤醒者[M]. 黄学焦, 李康诚, 译. 郑州：河南人民出版社，2009.

## 人类学习和成长的六个层次

- 环境指的是何时、何地，也就是事情发生的时间、地点等。例如这项工作必须今天下午 5 点在办公室完成。
- 行为就是具体的动作，如篮球教练会纠正你投篮的手部动作，经理会给你一张提高效率的时间管理表格等。
- 能力就是人的水平或态度，如沟通能力、运动能力、协调能力、思维能力、自我管理能力等。
- 价值观指的是你的追求、什么对你重要、做什么事具有的意义，如幸福快乐、真诚真实、公平公正、和谐美满等等。信念是你对世界的认知和看法，是为实现价值观应该采取的行动。例如我们内心所有对人对事的判断：这是什么、应该或必须如何、什么是好的、什么是坏的，这些都属于信念系统。如果一个人说要追求幸福，这就是价值观；如果说追求幸福需要努力工作，这就是信念。
- 身份指的是你认为自己是什么样的人？类似于回答"我是谁"这样的问题。例如"我是一个永不言败的人""我是一位愿意支持员工的领导者"，这些就是这个人在身份层面上的表述。
- 愿景也可以理解为精神或系统，是人在社会不同层次中的追求，是回答"还有谁"或"利益相关者"这类的问题。这部分是存在大小高低之分的，如对家庭、社区、国家，还是对世界和宇宙。所追求的越高，人的动力就越大，改变起来也越不容易。例如很多有信仰的人是难以被改变的。

在逻辑层次中，身份及以下的部分是关于个人的，愿景是关于个人之外的部分；愿景、身份和信念/价值观隐藏在人的内心里，是不可见的，而能力、行为和环境这三个层次是外在可见的。

## 逻辑层次中的影响力差异

在逻辑层次中我们可以看出，追求的层次越高，人们获得的动力会越大。假如一个人是"为了中华崛起而读书"，那他肯定比仅仅为满足自己温饱而读书之人的动力要强劲而持久得多。一旦一个领导者的愿景、信仰或追求是企业的发展和民族的振兴，那么这个人的身份就是具有爱国情怀的企业家或领导者，他的价值观和信念就是为企业和社会服务，他就会努力提升自己的各种能力，随时随地践行实现愿景所要求的各种行为。所以，建立某种信仰和追求，能够给人巨大的推动力。理解这一点，大家就能够明白：为什么今天华为等众多成功的大企业会把三观教育放在如此重要的地步。

因此，逻辑层次是理解和解决问题，并学好教练的核心工具之一。当问题出现的时候，我们首先要探索是哪个层次出了问题，然后要从这个层次或更上面的层次入手，才能解决这个问题。如果只是在下面的层次努力，那么一切都是徒劳。例如在营销方面，假如员工把营销当作低人一等的工作，这就是身份层次的问题。要解决这个问题，领导者要么让他觉得营销人员的身份和其他工作都是平等的；要么从更高的愿景层面告诉他，销售产品，满足其他人的幸福生活是多么的高尚而有价值。否则，领导无论在下面的层次怎么发力，都会没有任何效果。不管是出资让他上课提升沟通能力，还是给他配车跑业务，都无法提升他的内在动力，结果肯定是事倍功半。

## 以逻辑层次建立亲和信任关系

我们如何运用逻辑层次来理解和提升亲和信任关系呢？这就要求我们在各个层次上对对方进行深入了解，然后在各个层次上与被教练者进行匹配。简单地讲，匹配就是和对方保持一致，有点儿模仿和连接的意思。匹配的程度越高、越真实，亲和信任度就越强烈和深入。为了安全，人的潜意识总是更容易接纳同类，排除异己。如果这种匹配是自然而然产生的，效果当然会更好；但如果双方的差异过大，我们就要看自己是否根据某种需要，愿意"委屈自己"去"看人下菜碟"了。

例如，要提高教练型领导者与被教练者之间的亲和信任关系，我们要考虑：

- 在环境层面，什么时间、什么地点见面，被教练者会感到安全舒适？
- 在行动层面，要注意基础的礼貌、微笑、专注，和对方的动作最好能相似，语速、语音语调不要与之相差太大。如果被教练者讲话时喜欢有些动作，如一些手势，那你就不能呆若木鸡，最好能和被教练者一起"手舞足蹈"；如果被教练者语速较慢，而自己说话跟机关枪一样，对方也一定会不舒服。除此以外，我们还能和被教练者一起做点什么？读书还是旅游？品酒还是打球？一起做相同的事情、行为爱好相近，就可以更快提升亲和感。
- 在能力层面，我们的能力和被教练者匹配吗？沟通水平、思考深度、读书学习水平是否相差无几？
- 在价值观/信念层面，我们和被教练者的读书癖好类似吗？喜欢同一个圈子的朋友吗？对某些问题具有相似的观点吗？
- 在身份层面，我们和被教练者是校友或老乡吗？和某位人物都是好朋友吗？是某个圈子的会员吗？经常参加某种层次的活动吗？
- 在愿景或系统层面，我们和被教练者有共同的追求或信仰吗？崇拜的人物是一样的吗？如果在这个层面上一致，我们可以相互称为"同志"了。

◑ 案例

一位上市公司的领导者王总，需要针对公司高层引入领导力培训并实施高管教练。为慎重起见，他提出要与入围的3家教练公司的负责人面谈一次。第一次拜访王总时，他的秘书告诉我㊀，王总很忙，只有15分钟见面时间。当我走进王总办公室时，留心观察了一下其中的摆设。给我最大印象的是占一面墙的大书柜。当我坐在王总的对面时，我看到他的手边放着两本书，看似读过好几遍的库泽斯和波斯纳所著的《领导力》以及韦尔奇的《赢》，书中还插了很多彩色的小纸条。所以寒暄几句之后，我就问王总："您对《领导力》这本书感兴趣啊？"他回答说看了好几遍，但他觉得老外的东西怎么在中国落地是个问题。这时我就直接说："告诉您个好消息，这本书的姊妹篇《培养卓越领导者的教练指南》就是我翻译的，可以送您一本，您可以从中找到一些落地的方法和问题，让您和高管一起来思考。"话音刚落，我就感受到王总的态度立即变得亲善了很多。交谈中他突然问我最佩服哪一位现代企业的领导者，我回答说当然是通用电气的前总裁韦尔奇了。这时我明显感觉王总的兴趣来了，原来他也是韦尔奇的粉丝。接着我就用《领导力》的五项行为分析韦尔奇在通用电气的经营策略，同时又对他说这也符合教练的思维和智慧。学习和应用教练来推动变革、提升绩效，就是韦尔奇在通用电气提升高管领导力的最重要的手段之一。虽然教练这个名词是现代西方提出的，但教练的智慧却是古今中外早就有的，其本质与领导力也是一脉相承的。相谈甚欢的同时，我邀请他一起研究韦尔奇的教练智慧。讲到这里，您猜猜我们总共聊了多久？从15分钟延长到了两个小时，中间他推迟了几次原定的下属汇报时间。离开这间办公室时，我知道我们对拿下这个项目很有把握。结果也的确如此，而且项目的内容和费用比原来的计划增加了很多。

通过这个例子，大家可以分析一下，该教练是如何和王总匹配的？

当该教练走进王总的房间，就能够感受到王总的价值取向和崇拜的人物，在随后的交谈中，他们在信念、价值观、身份和信仰层面进行了高水平

---

㊀ 本书中实际案例都来源于黄学焦的实践，为了方便读者有场景体验，案例以黄学焦的第一人称"我"来叙述案例。

的沟通和连接，并在相互之间产生了很强烈的信任感。因此我们可以看到，深层匹配对于建立亲和信任关系是非常重要的。

## 教练型领导者的五大能力

教练型领导者的五大能力包括正念、聆听、提问、厘清和反馈。

### 正念——深入觉察

让我们首先理解正念的意思：其中"正"字指的是当下、现在，而不是正确。"念"指的是想法、念头。正念的目的是觉察当下的念头，而不是正确的念头。这个概念起源于佛教禅修，是从坐禅、冥想、参悟等发展而来，意思是有目的、有意识地关注、觉察当下的一切，却不做任何判断、分析和反应，只是单纯地觉察它、关注它。学习修炼正念，我们就能让自己的关注力回到原点，不戴任何有色眼镜地观察整个世界，聆听自己和其他人的内心，从而理解事物的真相和本质，获得真正的洞见。同时，这也是我们能够相互理解、产生信任，具备高情商人格的基础。

#### 高僧的故事

曾经有一位非常成功的企业家前去拜访一位得道高僧，询问禅宗的发源和意义。见到高僧后，这位企业家侃侃而谈自己对禅宗的理解和自己依此治理企业获得成功的宝贵经验。高僧默默倾听着企业家的高谈阔论，随后拿起茶壶给企业家倒茶。茶杯渐渐满了，可高僧还在继续倒茶。企业家眼看着茶水溢出来流得到处都是，实在忍无可忍，便大声对高僧说："停！杯子已经满了，您不能再往里面倒茶水了！"高僧默默一笑，回答说："就像这只茶杯一样，您的内心已经充满了各种成见和猜测，除非您先清空内心的想法，不然我又如何能帮您学到禅宗的奥秘呢？请您还是先回去自行清理吧。"企业家听后大惊失色，连忙拜倒在高僧脚下，承认自己的傲慢和失礼，表示愿意清空自己向大师学习。随后两个人才真正开始探讨禅宗的真谛。

我们每一个人从小到大都有过很多经历，接受来自家庭、学校和社会的各种教育，所以每一个人都对世界有一套独特的认知和信念。在日常生活中，人的注意力都是向外发散的，当完成某项任务或目标之后，人们就会受到早先积累的经验和认知的影响，甚至受到习惯性反应模式的控制而不自知。尤其对企业家而言，受到的压力比常人更多，思考和行动的速度比常人更快，这使他们的思维就像正在驾驶高速行驶的汽车一样，随着速度的加快，关注力就会越来越集中和狭窄，所以就会遗漏很多重要信息。同时，这些企业家比常人有更多的体验和成功，自然也有更多的执念，甚至是自以为是的傲慢。

而正念修炼需要我们在这个喧嚣的世界中慢下来。首先，我们要把自己的杂念清除掉，就像禅师的故事中让自己拥有一个"空杯子"，帮助企业家提升专注力，进而能够深入思考、积极反思而不是匆忙行动。这样我们才能以纯净的、非批判性的态度来对待当下的体验，拥有一双明亮的慧眼和宽阔的视角，更全面地观察周围的世界，琢磨不同的观点和想法，并促进新想法、新思路的产生。其次，正念能让我们看清思想和情感的真实面目，帮助我们与内心想法、情感以及身体感受建立与以前不同的新关系，减少冲突，而不是让它们控制自己的生活，或者是不假思索地一味相信它们。正念看起来似乎要求我们放弃控制，但事实上它赋予我们强大的内心控制力，让我们看到事物的真相和本质，判断什么重要，什么不重要，从而获得最好的成果。在此基础上，正念还能够帮助领导者排除内心的一些执念，提升自己的情商，在处理人际关系时，保持立场的中立公正，也更能够深入地理解合作伙伴或员工们的所想所为，建立良好的沟通习惯和民主文化，激励员工奋发向上，与企业一起共渡难关。

我们企业家通常以为要靠"多、快、好、省"的"有为"才能继续过去的辉煌成就，正念则要求我们在此基础上要用貌似"清心寡欲"的"无为"来提升我们的智慧，观察和反思我们的方向和大势，为我们团队和员工的"有为"保驾护航，最终达到"无为而无不为"的最高境界，让企业走上基业长青之路。

但遗憾的是，我们很多企业家现在"忙"到了精神崩溃的边缘。有些企业家以为在这个变革的时代，尤其是近两年新冠肺炎疫情的残酷冲击，只有把原已满满的行事日历再多塞点、多干点事情，企业才能渡过难关。于是，我们会看到这些企业家犹如"水上漂"似匆匆掠过的身影，会看到他们在一次会议中被无数个电话打断，会看到他们在和员工谈话时飘忽不定的眼神、匆忙给出的答非所问的指示，你就知道这时他并没有聆听员工或客户的诉求，他的心更没有和自己的员工和客户在一起。在这种状况下，希望员工们心甘情愿地为对面这个心不在焉的领导赴汤蹈火，希望客户掏出真金白银持续购买产品，这可能吗？所以，企业家仅仅会"快"是不行的，还要学会"慢"下来。就像运动员比赛前都要静心和放松一样，只有完全平静下来、放松下来，他在比赛中才能跑得更快、跳得更高、投得更远。身体如此，思维也是如此。其实，这就是"物极必反"的道理。

被称为西方正念之父的美国心理学家卡巴金教授从佛教徒的正念修行中得到启发，通过现代医学仪器的检测，发现在这些佛教徒的大脑中，控制愉悦和幸福的部分往往比常人更大，所以正念在西方国家已经成为提升身心健康的新理念，同时也提出很多适合于常人的正念锻炼方法。其中，最简便易行的有以下两种。

第一种就是大家熟悉的数息法。先寻找一处安静的地方坐下来，让全身放松，完全用鼻子呼吸，然后关注空气在鼻孔中进出流动的感觉。如果脑海中有乱七八糟的想法出现时，不需抗拒，只要把注意力重新调整过来，继续关注鼻孔中的气流就好。这样练习20分钟，就是一次很好的、帮助思维清零的脑保健操。

第二种就是日常食行法。如果企业家真的没有时间进行静坐和冥想，那就在吃饭的时候完全专注于吃饭，仔细感受各种食物的色、香、味是什么样子，品尝咀嚼食物带来的酸、甜、苦、辣等各种味道，相信你对食物会有前所未有的体验。我们也可以在走路的时候，关注于脚、鞋子和地面接触及摩擦的细节，感受行走过程中身体逐渐发热、流汗的细微过程。注意在此期间要保持静默，这样才能达到正念的效果。

## 聆听——听话听音

说话和听话不但是一门艺术，更是一门学问。因为双方从言语里都能够得到很多信息，进而能够进行有效的沟通。一个人如果不会聆听，就无法了解人情世故，更不能深入了解人心。同样的话，不同的人听来会产生不同的理解。如果企业家善听、会听，就更容易换位思考，对世事人情了然于心。企业内外有了这种平等对话的氛围，大家就能高效理解和沟通，减少误解和矛盾，达到事半功倍的效果。

### 郑文公与烛之武的故事

春秋时期，秦国、晋国合攻郑国。危难之际，有人建议郑文公派人去劝说秦穆公退兵。可是派谁呢？

这是一项艰巨而危险的任务，关乎郑国的存亡，必须选择一位智勇双全之人才能不辱使命。有人举荐三朝老臣烛之武，虽然当时他只是一个养马的官，但大家相信他可以担此重任。可烛之武见到郑文公时却推辞道："臣之壮也，犹不如人；今老矣，无能为也已。"意思是说，我年轻的时候就不如别人。现在已经这把年纪了，还能有什么用处呢？

郑文公很聪明，听出烛之武怀才不遇、颇有埋怨的话外之音，就马上安慰道："吾不能早用子，今急而求子，是寡人之过也。然郑亡，子亦有不利焉。"也就是说，早先我没有重用你，现在情况紧急才希望请你出马，这实在是我的过错啊。不过郑国如果灭亡了，对你也没什么好处。

听到这里，烛之武只好接受了任务。

到了秦国营帐，烛之武慷慨陈词，他站在秦国立场上，给秦穆公分析攻打郑国的利弊，消灭郑国其实对晋国利益最大，而保全郑国则对秦国有利。最后，秦穆公听从了烛之武的建议退兵了，并与郑国结盟，还派人保卫郑国。晋国无可奈何，也只好退兵。郑国转危为安。

如果当时郑文公听不出烛之武的话外之音，没有放下身段道歉，冰释前嫌，郑国可能就灭亡了。可见，"听话听音"是多么的重要！

领导者做教练时，首先就要真实地掌握被教练者的信息和状态。实事求是才能进一步展开下面的工作。如果聆听这点做得不好，那么就会丧失以后工作的基础。

我们把聆听的水平分为三个层次，称为三层聆听法：以我为主，以对方为主，全息聆听。

### 以我为主的聆听

第一个层次是以我为主的聆听，即在教练对话的过程中，以自己的判断或喜好来对被教练者的表述做出回应，就像朋友之间的闲聊。例如，当朋友描述一件事情时，你会经常地以"我"的角度给予回应。常见的回应有"我也是这么想的！""你怎么和我想的一样啊！""我可没有这样认为！""这不符合我的思维！"等。众所周知，以我为主的聆听经常会让被教练者认为领导者自以为是，并没有真正地站在被教练者的角度，理解被教练者的心情。一旦如此，亲和信任关系就会瞬间荡然无存。接下来的谈话，被教练者就会表现得毫无兴趣，或简单应付了事。所以，领导者进行教练对话时应该保持中立的位置。

### 以对方为主的聆听

第二个层次是以对方为主的聆听。在这种状态下的领导者同样没有处在中立的位置上，而是完全被对方的叙述所吸引，甚至陷入对方的情绪中不能自拔。常见的回应有"原来你是这样认为的！""你怎么会这样子！""这样你就太委屈了！""你这样想很正常！"等。结果同第一层聆听类似，无法助人探索真相。但第二层次的聆听比第一层次提升的地方在于，这样的回应会让被教练者感觉自己说的话被听到了，从而增进一些信任。但是，这个角度无法让被教练者看到事实真相，也无法让其突破自身盲点，从长远的角度来看，效果仍然不理想。

### 全息聆听

第三个层次的聆听是全息聆听，即在对话过程中，教练的关注点不仅仅在被教练者的言辞上，更会关注当时的场域、对方的语音、语调、语速、身体语言甚至呼吸频率等。这些信息即时反映出被教练者的思维和情绪的变化。研究证明：当一个人表述一件事情时，语言仅能表达7%的含义，语速语调能表达38%，而身体语言则能表达55%的内容。例如，"我相信你！"这句话，当我们用不同的音调、语速和身体姿态表述时，对方的感受会大有不同。假如我们说这句话时，身体没有放松，用一侧肩膀而不是胸膛朝向对方，双手抱在胸前，呼吸加速，那么在这种姿态下说出来的话会完全让人感到言不由衷。而当某人说话时的眼神坚定不移，体态放松自然，语音、语调、语速轻松正常，那么，这些话的可信度就会很高。

### 聆听的案例

某单位邀请我去给一位高管做教练。当我问这位高管是否准备好开始时，她回答说完全没有问题，并表示会很开放地跟我探讨。但当我们开始谈论她与老板的关系时,她却不自觉地稍微侧了下身子,用肩膀对着我,眼睛低下来左右移动。这让我明显感受到了她的紧张和不舒服。于是我就对她说:我们谈话的内容不会透露给她的领导和同事,这是教练的职业道德标准,也是双方合同中的约定。如果现在谈这个话题不合适,我们也可以改天再聊。这时她很明显地放松下来,接下来的谈话也就顺利地进行了下去。

所以,在教练对话中,领导者既不能以我为主,也不能陷入对方的角色无法自拔,而是要从更大的系统出发,全方位观察每一个细微的变化,才能达到听话听音的艺术境界。

### 提问——促进思考

苏格拉底是提问的鼻祖,他认为智慧来自人类内心的理性,而非依靠外界他人给予。个体需要依循理性才能获得正确的智能、知识或见解。苏格拉底曾经通过扮演一个一无所知的人,不断追问,以帮助个体澄清概念、发掘理性,获得正确的认识,进而建立一个更有效能的个人思考模式系统。苏格拉底式提问关注的是思考本身,是一种打破自己视野极限的好方法。唯有如此,个体才得以不断走出舒适区,持续学习和成长。所以他说:"人类最高级的智慧就是向自己或向别人提问。"而现代管理大师德鲁克也曾说过"自己不是咨询师,而是喜欢直接问客户刁钻问题的人"。

在达到"听话听音"的艺术境界之后,我们就可以切实了解到对话双方的状态和相关事件的真相,下一步我们就要准备提问了。大家知道,提问是教练能力中的核心。通过提高提问的水平,教练就能让被教练者深入地思考问题的本质,从而找出适合自己的解决方案,同时也能够提升被教练者的独立思考能力。

当问题出现时,传统的领导者习惯于按照自己的经验和判断给出答案。

这种方式看似简单高效，但实际并非如此。从很多孩子对家长的命令式行为产生的逆反心理就可以看出，这种方式在某些情况下甚至是无效的。尤其是对于知识工作者这个群体，因为他们会有很多自己的想法。当领导者给出答案时，员工就丧失了思考和成长的空间，也就失去为结果承担责任的勇气。当问题再一次出现时，领导还要一如既往，作为"神"一般的存在去解决各种问题。假如某天没有了神的存在，大家失去依靠，就只能面面相觑，找不到解决问题的方法，更不会承担解决问题的责任。这种情况在管理比较简单的团队时，因为人数不多，问题不多，领导尚可以应付。但当企业初具规模时，大家还事事都依赖领导者的事无巨细，事必躬亲，那么对于领导者自己和整个团队都将是一种灾难。作为领导者，当你总是感觉下属没有责任感，让自己忙得没有时间干自己想做的、更有价值的事情时，就需要好好思考一下了。

大家知道，人做自己的事情是最卖力的。教练型领导者在时间容许的情况下，首先应该通过提问，让下属谈谈自己的思路和解决问题的方法，然后根据自己的经验给予指导或补充。如果问题不大，就支持下属按他自己的方案执行。这样，下属既敢于承担责任，同时又提升了能力。当然，当危机发生，需要马上采取措施时，命令式领导者往往直接给出答案以便把损失减少到最低的程度。这种领导方式看似高效，但在执行过程中由于下属的理解或思路不统一，往往拖泥带水；而教练型领导者把团队和成员之间达成共识的过程放在前面，给足下属成长的空间，这样计划执行起来就会少有障碍，雷厉风行。

## 提问的智慧

在历史长河中，"一问点醒梦中人"的事例比比皆是。例如在《三国演义》中有一个著名的桥段，当时诸葛亮为了联吴抗曹，亲自跑到东吴舌战群儒。可孙权当时并没有表态,而是转身回到后帐。这时鲁肃也跟了过来,孙权就问鲁肃:"卿欲何言?"我们知道,鲁肃是主战派,但他非常有智慧。他知道,在此重大决策时刻,简单表明自己的立场并不足以影响孙权。所以鲁肃就只是提了一个问题:"如果我们降曹,张昭等众臣一转身就可在曹操手下谋个一官半职,有吃、有喝、有仆从,所以他们就嚷嚷着投降。可如果主公您投降了曹操,会得到怎样的安置呢?"这话问出来,孙权一下就明白了下一步该怎么办了:曹操历来以奸诈霸道著称,如果自己投降曹操,一山难容二虎,这牵扯的可不仅仅是祖上留下的江东霸业是否可以守住,更关乎自己的身家性命,是生死攸关的问题。从此孙权就下定决心联刘抗曹,从而才有赤壁大战。这就是提问带来的魅力!

## 问题的分类

教练的问题一般分为以下几种。

### 开放式与封闭式问题

简单来说,只有是或否两个答案的问题就是封闭式问题,而有三个或以上答案的就是开放式问题。封闭式问题一般用于教练结束为了获得承诺或坚定信心的时候,如"你真的这样决定了吗?""你的行动方案一定会完成吗";而在教练过程中,大量时间是在挖掘被教练者的潜力,扩展被教练者的思想,探讨各种可能性,这时应该更多地提出开放式问题。下面我们提供几个问题,大家可以判断一下,哪些是开放式问题,哪些是封闭式问题。

(1)你的工作干完了吗?

(2)你何时能把工作做完?

(3)你的问题问完了?

(4)你还有什么问题?

(5)你对此承诺了没有?

（6）你的承诺是什么？

很明显，上面几个问题中，（1）（3）（5）是封闭式问题，而（2）（4）（6）是开放式问题。

**假如式问题**

在教练过程中，不少被教练者会习惯性地陷入本能的封闭状态，归罪于外，指责抱怨，为自己无法完成目标找出很多借口，似乎一切都是别人的问题。而教练型领导者的目的，就是要帮助他面对困难，摆脱本能脑的自我防卫，跨出舒适区，在大脑皮层中设想各种可能性。这时，教练型领导者就可以假设很多场景，让被教练者在不同的时间、空间和系统中来回切换，假如式问题就派上用场了。例如：

- 被教练者抱怨说："我出错是因为领导总是不信任我。"教练型领导者可以问："假如领导信任了你，你会怎么样？"
- 被教练者抱怨说："这单位领导太不公平了，我想离职。"教练型领导者可以问："假如你到了新单位，领导的公平性会比现在好多少？"

**度量式问题**

大家都知道，教练型领导者就是帮助被教练者厘清现状，实现目标的。但现实是，被教练者有时并不清楚自己当下的位置和状态，也不明确自己现在离目标的差距到底有多大。每当这种差距出现的时候，就是教练型领导者可以支持被教练者成长的时候。如果被教练者对自己的状态都很满意，那么也就不需要教练对话了。所以在对话中，教练型领导者经常恰如其分地让被教练者给自己当时、当下各方面的情况打分来进行评估是非常重要的，这就需要度量式问题。例如，当被教练者阐明自己的目标后，可以问："假如实现目标的最高意愿是 10 分，那么你现在的状态是几分？"或者可以问："你对实现目标的意愿有几分？"再比如被教练者列出自己的行动方案后，可以问："你对完成这个方案的信心有几分？""如果这份方案让领导过目，他的满意度会有几分？"当这种差距被测评出来后，教练型领导者既可以让被教练者阐述自己拥有的资源到底有哪些，也可以让他探索如何提升自己来弥补现实与目标的差距，从而让教练对话更有针对性，也更加深入。

## 如何提出好问题

那么，如何提出很好、很深入或很本质的问题呢？教练过程中涉及的管理情景千差万别，有的人希望完成目标的路径更清晰，有的人希望让自己干事业更有动力，还有的人希望自己像伟人一样更具影响力。所以，提问也需要因人、因事而异，并不存在固定的、最好的模式，关键在于教练型领导者要真正站在中立的位置上。自己中立，就能够深入地觉察到其他人在什么位置、他为什么在那个位置。这时，作为教练就容易提出直击人心的问题。教练型领导者只有不断地练习，才能逐步掌握出神入化、直达本质的提问艺术。

除非有意为之，否则教练型领导者在对话过程中要避免使用伤害、攻击、指责之类的词语，切记不要启动对方自我保护和对抗的本能脑。

下面给大家提供一个三维度高效问题模型，供大家参考。

高效问题模型的三个维度，如图 4-4 所示，第一个维度是按照逻辑层次来提问，比如把 6W1H 的问题分成 6 个层次来提问；第二个维度是按照时间轴，即过去、现在和未来的角度来提问；第三个维度是按照相关人员的角色转换（你—我—他）来提问。

图 4-4　三维度高效问题模型

为了让大家更好地学习,接下来我们会提出一个管理中常见的案例场景,大家可以练习一下自己针对这种情况时会提出什么问题。然后再比照我们给出的参考。

◑ 案例

小明经理一直是公司的业务骨干,但近半年因为照顾生病的父亲,耽误了一些工作。在最近的一次干部考核后,公司提拔了另一名比他资历浅的同事。为此,小明感到特别委屈,甚至有了离职的想法。

针对上述场景,你将如何使用高效问题模型,对小明进行提问呢?

下面给大家提供一些参考答案。

(1)按逻辑层次来提问。

**环境层次:when & where(何时 & 何地)**

你准备什么时候做决定呢?

你会在什么情况下做决定呢?

你离职的最佳时间是什么时候?

**行为层次:what(做什么)**

关于这件事,你下一步会做什么?

假如下次遇到同样的情况,你事先会多做些什么?

你能做些什么,可以让自己感觉好一些?

**能力层次:how(如何做)**

相比而言,你和这位同事的能力差距在什么地方?

假如下次遇到同样的情况,你事先会提升哪些能力?

你的同事有哪些能力值得学习?

**信念/价值观层次:why(为什么)**

当领导决定提拔某人时,他最看重的素质是什么?

在你的职业生涯中，什么对你是最重要的？

对你而言，提拔或者不提拔意味着什么？

**身份层次：who（我是谁）**

通过这件事，你会怎样看待自己？

假如你留下来了，你会怎样看待自己？

假如你辞职了，你又会认为自己是什么样的人呢？

**愿景层次：who else（还有谁）**

通过这件事，其他人（领导、父母、妻儿、同事）如何看待你？

假如你留下来了，其他人（领导、父母、妻儿、同事）会怎样看待你？

假如你辞职了，其他人（领导、父母、妻儿、同事）又会怎样看待你？

（2）按照时间轴来提问。

**以过去的视角：**

很多人都会遇到类似的情况，他们是如何处理的？

你的偶像×××以前面临过这种状况，他当时的选择是什么？

在你上一次被提拔的时候，你是怎么想的？

**以现在的视角：**

假如现在领导又给你一项很关键的任务，你会怎么做？

从现在开始，你会为以后做好哪些准备？

现在如果让你做一件事，你会做什么？

**以未来的视角：**

假如五年之后，回过头再看这件事情，你会怎么想？

假如某一天，遇到类似的情况，领导提拔了你却没有提拔别人，你会怎么想？

假如未来你也成为领导者，你会如何处理类似的问题？

（3）按照角色转换来提问。

假如你是领导，你在这两个人中会如何选拔？

假如你是自己的父亲，你会如何看待这种情况？

假如你是那位同事，你会如何看待此事？

假如你是自己崇拜的那位偶像，你会怎样对待这件事？

## 厘清——探索真相

在某些场合，人习惯于把性质不同、层次不同或系统不同的事物联系在一起，造成认知和判断上的混淆。这时候，教练型领导者就要拨乱反正，把不同的事物加以区分和明确，让大家看到真正的逻辑关系，找出事情的真相，最终做出正确的判断和选择。

### 厘清真相的重要性

在教练过程当中，厘清真相非常重要。在很多情况下，当被教练者看到自己内在真正的诉求时，其他问题就会统统迎刃而解。

### ◐ 案例

有一次一位高管对我讲，她这段时间不知为何莫名其妙地烦躁不安。我就用幸福平衡轮帮她做生活各个领域的满意度评估，然后又用排序法对这些方面进行重要度评估。当她看到幸福平衡轮中对家庭的满意度很低，但在重要性排序中家庭却排在第二位时，她的眼泪哗地流了下来。原来这段时间父亲病重，她却一直忙于工作无暇照顾。烦躁其实是因为她内心感觉对父亲有巨大的愧疚。当觉察到这一点时，她直接说道："我知道接下来该如何做了！"她立马起身去医院看望父亲了。这次，教练的流程并没有继续下去，因为她已经意识到了原因，并立刻做出了改变的行动。从此之后，她尽量抽时间陪伴父亲，如果真没有时间也会抽空打个电话问候一下，这样一来内在隐藏的烦躁就消失了，自己的事业也更顺利了。

在很多情况下，由于高管阅历和层次比较高，教练只需要让他有一念之转，在逻辑层次的上三层有一些觉察，他就会立刻知道自己应该如何采取行动来进行改变。而对于大多执行层面的中基层员工，教练往往在教练对话中需要花费大量时间来帮助这些被教练者制订详细的行动方案。

下面，我们给大家三种厘清的方法：信念检视法、平衡轮法、排序法。

（1）信念检视法。

人们有时候经常认为 A=B，其实等号背后隐藏着的是个人的喜好或认知，这就是每个人内在的信念系统在起作用。但这种信念并不一定是客观真实的，只是自己对某种事物的认知而已。每当遇到这种情况，教练型领导者应该把这种信念拎出来进行一番考证，来确定真假。下面我们来看两个案例。

◐ 案例一

老宋：我觉得王总今天对我很有意见！

教练型领导者：怎么这样认为呢？

老宋：今天开会时，我觉得他好几次都斜着眼看我。

教练型领导者：我想厘清一下：第一，你怎么知道他斜着眼是在看你呢？第二，如果斜着眼看你是有意见，那么正着眼看你就是支持你，是吗？有没有例外？第三，当你斜着眼看了别人，也意味着你对别人有意见吗？有没有例外的情况？

老宋背后的信念是：斜着眼看人 = 对此人有意见，但这并不一定是实际情况。也许领导者斜着眼看你只是在观察你,并无恶意;也许领导者看的是你身后的人,而你却产生了错觉。

## ◐ 案例二

小王:今天很不爽,受批评了!

教练型领导者:怎么回事儿啊?

小王:有件事情办得有纰漏,李总就狠狠批了我一顿,让我很没面子。我没有功劳也有苦劳啊!

教练型领导者:如果另一位老同志办事有纰漏,领导也不指正;你作为年轻人,工作很有成就,他也不表扬,大家会怎么想?

小王:那当然觉得领导不公平啊。

教练型领导者:既然如此,你现在如何理解功劳和苦劳的关系呢?

小王背后的信念是:功劳 = 苦劳。但领导者往往要把这两者分开来,这样才能让大家看到组织在奖励什么行为,惩罚什么行为。要知道,在领导者眼里,功劳不等于苦劳,成果永远是第一位的。

(2)平衡轮法:满意度评估。

在教练过程中,平衡轮是最常用的教练工具之一。它能把复杂的事情分为若干个简单的分项,大家就可以对每个分项进行评估和对比,让复杂的事情简单化。

国际著名的领导力专家库泽斯和波斯纳把领导力分为五大行为,进而又把每个行为一拆为二,成为十大使命。我们可以把十大使命填入图4-5的平衡轮中,每一个使命的中心是1分的水平,表示这方面很差;最外面是10分的水平,表示这方面很完美。为了评估每个人的领导力,我们可以让团队成员自己给自己打分,或相互打分,从而更加清楚自己或同事对自己各项素质的看法。

图 4-5　平衡轮五大行为十大使命

教练型领导者经常使用的"幸福平衡轮"（见图 4-6），即把人生最重要的 8 个方面，分别列在平衡轮的 8 个区域中，让大家根据自己对各方面的满意度打分。这样可以让大家深入觉察自己生活各方面的平衡度，从而找出提升幸福感的突破口。当然，这些人生重要的方面可根据每个人的情况更换或增减。

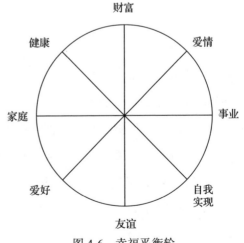

图 4-6　幸福平衡轮

（3）排序法——重要性评估。

当若干种相关的事项混在一起时，有些人就会无法分清轻重缓急，这时候可以采用排序法来加以区分。一开始，我们可以把幸福生活包含的几个方面的内容填写到平衡轮里，然后通过打分来评估被教练者对各项的满意程度，再用排序法评估各项在被教练者内心中的重要程度。由于人的意识和潜意识之间存在巨大的差距，其结果往往出乎意料。例如，排序时人往往把家庭、健康等事项排在前面。但事实是，人每天在这些重要方面花费的时间精力却是最少的。这种差距有时会让人陷入一种莫名其妙的烦恼当中却不自知。所以，排序法可以让我们对某些方面进行重要性评估。

对某些人而言，我们可以把平衡轮得出的满意度评估和排序法得出的重要性评估加以对比，这样往往会带来很多洞见。例如，某人总觉得自己很不开心，我们做完满意度和重要性评估对比后发现，他认为重要性排第一的健康方面，满意度却是打分中最低的，这样纠结的内心怎么会让他开心呢？觉察，并弥补这种差距，让客户厘清真相、身心合一，这就是教练工作的重要意义。

以平衡轮的 8 分法（也可以分成 $N$ 个）为例，让我们来看看排序法的步骤：

第一步：将平衡轮中的 8 个方面写在 8 张纸片上，让被教练者按重要程度由高到低进行排序。被教练者完成后，教练型领导者再让被教练者多检查一次，确定这个顺序是正确的。

第二步：例如被教练者前四项排列是 ABCD，那么先让他站到第一张纸 A 上，然后问他：现在你有了 A，就可以放弃 B，是这样吗？

第三步：如果被教练者说是，就依次向后进行；如果他说不是，那么就把 AB 位置颠倒，换成 BA，然后问：现在你有了 B，就可以放弃 A，是这样吗？直到被教练者确认，再依次向后进行。如果 BC 进行比较时，被教练者说不是，那么就将 ABC 位置换成了 ACB，这时先比较 AC，再比较 CB。

第四步：以此类推，直到被教练者把 8 张纸片全部排定。然后问他从这个过程中觉察到什么？如果被教练者的先后顺序有很大的调整，那么说明他的意识和潜意识对某些事物的认知差异很大。尤其是当被教练者对平衡轮的满意度也进行评估后，让他对比这两个评估的结果，这时，被教练者往往会获得很多洞见。

## 反馈——消除盲点

### 反馈的类型

良好的反馈能让对方看到自己的盲点，或者看到在系统中改善的方向，以后在工作中能够扬长避短。反馈的方法可分为两类。

第一类是真实且不带评判的镜子式反馈，就是针对对方的某种行为，教练型领导者给对方形象或行为以公正客观的描述，让被教练者自己有所觉察。例如教练型领导者说："我刚才看到您提起王总时，眼睛就会低沉下来，有些撇嘴，还抱起了膀子。那时候您的想法是什么？"

我们曾经听到一个非常有意思的镜子式反馈的故事。

### 埃里克森反馈的故事

国际著名的人本心理学家、被称为催眠鼻祖的米尔顿·埃里克森年轻时曾在医院接待过一对带着孩子就诊的父母。也不知为什么，这个六岁的小男孩在家总是哭闹不止，父母怎么哄也不行，来医院做完各种检查也没发现小孩有什么疾病。所以这对夫妇就带着孩子来找精神科的埃里克森大夫碰碰运气。小男孩见到埃里克森后，仍像以前一样开始哭闹不止。只见埃里克森蹲了下来，平视着小男孩，观察小男孩哭。几分钟过去后，小男孩哭累了，想喘一口气，但没想到埃里克森此时突然模仿小男孩哭闹的样子，对着小男孩也开始大哭起来，而且也哭了同样长的时间才停下来。就这样，两人轮流哭了几轮，小男孩突然对埃里克森说：你这个叔叔真讨厌！我不跟你玩了。随后就乖乖跟着父母回家了，从此再也没有在家里哭闹过。

这个故事随后在业界成为埃里克森神奇的心理咨询佳话。

第二类包括积极式反馈和发展式反馈两种，即针对对方的某种行为，作为教练的领导者给予积极表彰和负面的批评，从而让对方扬长避短。

**积极式反馈：**

教练型领导者说："我看到你在课堂中积极参与讨论，并提出不少创新的思路，让整个课堂的氛围更加活泼高效。对此，我表示感谢并期待你继续坚持！"

**发展式反馈：**

教练型领导者说："我看到你今天上课迟到了，这样会耽误你自己和整个班级的进度，希望以后不要再出现类似情况！"

大家看到，无论是积极式反馈还是发展式反馈，都包含三个层次。第一个层次是客观描述现实发生的具体事情；第二个层次是对这件事情的正面或负面影响给予评价；第三个层次是对正面的影响给予鼓励和支持，对负面的影响提出改进意见和期待。

**反馈的原则**

为了让反馈更为有效，我们需要遵循以下几项原则。

第一点，要习惯性地进行反馈。每当我们看到某些好的或者不好的行为，就要给出反馈，让下属知道你的看法是什么，什么该做，什么不该做，这样能够提升下属工作的有效性。

第二点，要时刻保持真诚。我们给予反馈的时候一定要是真心实意的，虚情假意、言之无物的反馈毫无意义。

第三点，要及时。当某些行为发生的时候，你应该及时给予反馈，让下属知道你对他们的看法是什么？这样印象会更深刻、更有效。

第四点，要适度。领导者在给予下属反馈时，既不能无限夸大，也不能缩小其影响，目标是让下属尽可能真实地了解自己的情况。

第五点，要具体。我们给出反馈的时候，一定要针对某件事情、某种动作给予具体的反馈。例如说："你这个人挺好。"这种反馈不够具体，而是要说："你刚才把走廊里的一团废纸拾起来扔到了垃圾桶里，这件事证明你这个人很有责任心。"这样，他就知道他的哪些行为做得好，或者哪件事情需要改进。这样就能很容易明白下一步应该改正或者提升的是什么了。

## 教练过程的六个步骤

领导者进行教练对话的过程可分为六个步骤。初学者可以遵循这六个步骤开展教练对话。等到逐步熟练后，教练型领导者在面对被教练者时可以超越这种套路，见机行事、灵活应用。

### 步骤一　开场：了解现状、聚焦主题和目的

在实际的教练对话中，开场和结尾虽然时间所占比例不长，但是对整个教练对话的顺利进行，以及被教练者能否按照承诺进行改进至关重要。在很多情况下，被教练者会先从自己的烦恼和遇到的问题开始说起。要注意，被教练者情绪低落时，教练对话是不起作用的。教练型领导者这时候应该首先把对方的情绪平复到正常状态，然后探索这种烦恼或问题背后隐藏的真正需求是什么，最后再探讨未来的状态。在被教练者恢复到正常状态后，我们可以探索之前困住被教练者的心智模式到底是什么？被教练者是如何调整心智

模式的？这种觉察的最终目的，是让被教练者解放思想，从而能设定并实现未来更宏伟的目标。

**教练对话开场三步骤**

俗话说：好的开始就是成功了一半。还有人说：万事开头难。我们首先谈谈教练开头的三个步骤。

第一步就是评估双方的信任度与亲和信任关系。这种关系的维护，需要贯穿在整个教练对话的过程中，但良好的开始尤其重要，否则如果被教练者不能袒露内心，要么会使教练对话无法进行，要么被教练者会顾左右而言他，跟教练玩猫捉老鼠的游戏而白白浪费时间。所以自始至终，信任都是第一位的。双方建立了信任，那就开始探索吧；反之，那就踏踏实实相互了解，直到建立信任后再继续进行教练。建立信任的具体方法可以参考前面提到的逻辑层次匹配法。

第二步是回顾自上次教练对话以来，被教练者的进展情况如何。完成了什么，没完成的是什么，期间还有什么新的洞察或收获，途中遇到了什么障碍。如果这次是双方的第一次教练对话，这一步可以取消。

第三步是双方就本次教练对话确定一个主题，明确被教练者最后希望拿到的成果是什么。同时，针对这个主题，让被教练者介绍一下背景和现状，这个步骤我们叫作教练合约。大家需要注意的是，被教练者一开始提出的，往往是表面层次的问题。随着教练对话的深入，被教练者真正想要的未来会像剥洋葱一样显露出来。

还有可能这个表层问题下隐藏着许多杂乱的线头，此时教练型领导者需要停下来，询问被教练者到底从哪条路进行深入探索才能到达本质。否则就会变成胡子眉毛一把抓，谈了半天还在原地打转。所以，除了"无信任，不教练"外，我们还需要切记一点：无合约，不教练。例如在教练过程中时常这样问被教练者：现在教练时间还剩××分钟，剩下的时间探索什么对你来说最有价值？在这么多线索当中，你认为哪一个对你来说最重要？你觉得迄今为止，我们是否在正确的轨道上？我们如何走到对你最有价值的轨道上？

## 步骤二 目标：制定和评估目标

### 目标的意义

记得有位名人说过：目标就是给梦想添加上时间节点。目标是实现人生愿景和使命的具体节点，就像我们人生的灯塔，不但给我们的人生指明了前进的方向，还确定了我们在航程中的位置。它给予人生更为明确的方向感和具体要求，还为人们提供了追求愿景的动力。如果我们没有目标，人生就有可能像在茫茫大海中迷航的船只一样，随波逐流而不知所往，陷入险恶的境地而不能自拔。

### 目标的故事

很早以前，美国一所知名学府做过一次毕业生调查。当时学校要求一批毕业生写出自己的长、中、短期目标。结果显示，有很明确短期目标的毕业生大概占70%，有中期目标的人数占28%，有长期目标的学生则只有区区2%。27年过去后，学校对这批学生进行了一次回访，结果令人瞠目结舌。统计结果显示，目标制定得越长期、越细致的学生，社会地位和成就就越高，财富也越多；那占比98%的只具有中、短期目标的学生都在直接或间接地为那2%的学生打工。其实这种结果也不足为怪，因为这2%的学生目标明确而坚定，效率自然就大大提高，走弯路的可能性也就随之减少，成绩当然会更好。这就像激光把能量聚焦在一个点上时能把钢板烧穿，而如果它像灯泡似的散光，力量就可想而知了。

还有一个关于目标的故事。曾经有人采访奥运马拉松赛冠军，问他是如何成功的？他的答案是，如果一开始就制定一个四十多公里的长程目标，任何人都会崩溃，而他只是把长距离的艰苦比赛，按照自己的状况划分为若干个阶段。每个阶段给自己制订一个时间计划，如果每一段都能比原计划快一些，那么每一程不仅不会感到疲惫，最终的结果也肯定是破纪录的。

所以，在教练的过程中，教练需要让客户把人生也规划一下，分成一个一个的小目标，然后把每个小目标叠加起来，就能够实现客户长远的梦想和愿景。而作为领导者，需要把组织、团队和每个员工的梦想和目标结合起来，同时细化目标中的节点，让每一个人对各级的长短目标既承担责任，又享受成果，最终实现组织的愿景，达成共赢！

### 制定目标的原则

怎么样才能制定一个合适的目标呢？答案是要符合 PEC-SMART 原则。

P 指的是目标应该是正向的（Positive）。意思是你要明确地回答你到底要什么，而不是不要什么。大家可以想象一下，假如你刚出差回来，坐上出租车，师傅问你的第一句肯定是："先生，您要去哪里？"这时你如果回答："我不去天安门，也不去清华，更不去望京。"可以想象师傅听到这些时会有什么反应。这虽然是个玩笑，但很多人面对同样的问题，尤其是关于人生的重大问题时，都会觉得很迷茫。可以说，人们的很多烦恼，都来自不能笃定地知道自己到底要什么？

E 指的是目标需要系统平衡性（Ecology）。目标实现时的结果要对各方都有利，即你好、我好、大家好。你不能制定一个唯我独尊，损人利己的目标。如果你的目标是自私自利的追求，结果必然会陷入困境。

C 指的是目标是自己可控的（Controlled）。你不能为其他人制定目标。例如，很多家长的目标是：孩子中考排名达到班上第一。这个目标就不符合

"可控"这条原则，因为这个结果是你自己无法控制的，因为每次考试的排名你做不了主。所以，大家要制定在自己控制范围内的目标。

S 指的是目标应该非常明确和具体（Specific）。如销售团队的目标是一个季度的销售额达到 2000 万元，同时说明白了何时做、如何做、结果是什么，这就是一个很明确的目标。

M 指的是目标应该是可以衡量的（Measurable）。例如我要换个大房子。可到底多少平方，什么品质的房子才算大房子呢？所以，提升业绩需要在制定目标时明确度量指标是多少、考核点是什么时间等。

A 指的是目标应该是可以实现的（Achievable）。你不能把明天就登上月球当作目标。人们放弃努力，有时是因为目标不现实或觉得没有希望实现。

R 指的是目标应该是现实的（Realistic）。从现在就开始行动，你不能制定一个从明年才开始实施的目标，这毫无意义。目标起步要从当下开始！

T 指的是目标应该是有时间限制的（Time-bound）。例如，目标不能定为：我要上完 EMBA，而应该是：我要在 2023 年上完清华的 EMBA。

一次课程中，在讲解目标之前，我们先让学员们列出自己一年、三年和五年的目标。一位学员说：一个季度的目标是销售业绩达到 2000 万元；一年的目标是换一套更大的房子；五年后的目标是自己能够实现财务自由。

依据 PEC-SMART 原则，我们看到这位学员制定的目标中，一个季度的目标是符合原则的，而其他两个稍长远的目标就越来越模糊了。大房子有多大、位置在哪里、什么品质；财务自由到底是什么概念，你生活的标准是极简生活还是奢侈生活，这决定背后的资源和需要付出的努力有很大的差别。所以，一开始我们所举出的大学毕业生的数据说明，目标制定得越详细、越精准，方向感就会越强，动力也会越大，成功的可能性当然就会越高。

## 步骤三　体验：愿景与使命视觉化

**愿景**

愿景（Vision）解决的是"我或企业将来是什么样子"的问题，是个人或企业长期目标的视觉化描述，告诉大家个人或企业将来要做成什么样子，是对个人或企业未来发展的一种期望、意愿和描述，概括了企业或个人未来的目标、使命和核心价值观。愿景是人们在大海远航的灯塔和指南针，只有清晰地描述愿景，个人或企业，以及周围的各个利益相关者，如朋友、合作伙伴、团队、社会等，才能对个人或企业有更为清晰的认识。一个美好的愿景，能够激发出人们发自内心的感召力量、强大的凝聚力和向心力。下面，我们举几个例子。

- 阿里巴巴的愿景是：成为一家持续发展102年的公司，成为全球最大的电子商务服务提供商，成为全球最佳雇主公司。
- 特斯拉的愿景是：通过推动世界向电动汽车的转型，打造21世纪最具吸引力的汽车公司。
- 而我们加瓦的愿景是：建设教练和客户互助成长的生态圈，打造中国组织教练第一品牌！

**使命**

使命（Mission）就是个人或企业存在的理由和价值，即回答为谁创造价值，以及创造什么样的价值，如何实现这个愿景的问题。它是实现个人或企业愿景的方向。简单地说，使命就是必须做的大事、一定要完成的任务。

例如：

- 阿里巴巴的使命就是：让天下没有难做的生意！
- 特斯拉的使命是：加速世界向可持续能源的转型。

- 加瓦的使命是：挖掘潜力，凝聚共识，做助力组织腾飞的引擎！

**体验愿景的力量**

（1）获得体验感的小实验。

愿景就是视觉化的长期目标，而视觉化本身就是要创造体验。科学研究表明：如果人的视觉脑中产生了一幅画面，大脑就会产生像身临其境一样的正面或负面的感受和情绪，进而使身体产生相应的开心快乐或痛苦烦恼的反应。现在就让我们做个小测验：

想象现在自己的手里握着半个青黄色的柠檬，然后我们用力挤，把柠檬汁一滴滴挤进自己的嘴里，你现在满嘴都是柠檬汁。

这时，大家是否觉得嘴里好酸，还充满了唾液，有的人甚至还会被酸得打个哆嗦。实验证明，视觉想象是能刺激身体产生相关反应的，古代曹操"望梅止渴"的故事是很有科学根据的。

愿景是我们追求的完美境界，当我们在脑海里让画面视觉化的时候，我们就会感受到那种愿景实现的兴奋感和幸福感，进而让自己对愿景充满期待，也会对实现愿景充满动力。

（2）科学家们的证据。

有很多科学研究证明，利用人的视觉化，能够改变大脑的神经连接，让想象的情景激发身体的反应。例如，科学家曾经做过实验，把不会打篮球的人分为三组，在教练的指挥下，第一组只管练习投篮；第二组仅仅想象自己如何投篮；第三组两者皆有练习。一段时间以后三组进行测试，你知道投篮成功率的排序是怎样的吗？无可非议，第三组肯定是第一名。但有意思的是哪个是第二名？不可思议的是，第二组的成功率比第一组还高。

科学家还做过一个实验，将一个被判死刑的囚犯捆在行刑室的床上，蒙上眼睛，用手术刀在其手腕动脉上轻轻划一下，然后用水滴模拟出血液滴到盆子里的滴答声。科学家还在一旁提醒囚犯他的血已经流出了多少升，剩下还有多少升，他离死亡还有多长时间，最后这位囚犯竟然真的死在了床上。尸检表明，该囚犯的身体状况和因失血过多而死亡的人一模一样，但是，这名囚犯的动脉血管其实并没有被划破，也没有流出一滴血，这都是科学家故意制造的一系列视觉化想象！你看，视觉化对人的身体产生的效果是不是很出乎意料？在现实生活中，我们看到的体操、跳水等运动员在赛场上做出的眼花缭乱的高难度动作，就是因为平时强化的视觉化训练起了很大的作用。

（3）如何创造愿景的体验感。

为了创造体验感，描绘愿景时要注意两点。一点是把愿景描绘得越清晰，画面越细致，产生的感觉就会越强烈。大家回想一下恐怖电影，是不是脑海中想象的画面越细致，所产生的恐惧感也会越强，真是自己吓自己啊；另一点是描绘画面时，要让被教练者放松和专注，语音语调低沉缓慢，如同催眠师一样，这样就更容易产生画面感。若有某些人说自己根本产生不了画面感，就说明教练者的水平还不够或耐心不够，还需要继续勤加练习。

（4）创造体验的教练工具。

下面我们列出了几个经常使用的教练工具的具体步骤，这些工具可以创造不同的体验而达到不同的目的，大家可以练习一下。

工具一：感知位置转换。

人们在谈论关系的话题时，往往要学会换位思考。但如果只是嘴上说说，身体和意识没有改变的话，很难达到真正的效果。这时，用感知位置转换的方法，让被教练者的身体移动到不同当事人的位置，让他真正穿上对方的"鞋子"，效果就会十分显著。

"感知位置"指的是与教练话题相关的不同的角色或视角的位置，如你、我、他就是3个不同的感知位置。打个比方，一位下属要探索和领导者的关系，这位下属就是第一位置；领导者就是第二位置；下属可以找一位自己信任的人站在第三位置，也就是处在旁观或中立的位置上。下属要模拟处在这三个位置上进行对话，对三人的观点和关系进行探索。步骤如下：

①拿两把椅子，一个代表被教练者（下属），一个代表相关者（领导者）。

②先让下属坐在自己的位置上，向对面的领导者阐述自己的观点。

③让下属坐在领导者的位置上，假装领导者，就刚才的陈述和下属展开对话。

④让下属在第一位置和第二位置之间来回转换，代表双方进行交谈。

⑤在下属出现卡顿或对话达成结果时，安排第三位置的人进入，例如站在两把椅子的旁边或后面，对当下呈现的情况或结果进行点评或启发。

⑥最后，让下属整合刚才这三个位置提出的意见，继续探索如何优化自己与领导者的关系，直到得出结论。

工具二：卓越圈。

面对某些急迫的情形，卓越圈是调整情绪和状态非常好的方法。例如某人在演讲前非常紧张，如果他想达到非常放松的状态，就可以使用这种方法。步骤如下：

①找一个自己想要达到的状态，比如放松的状态。

②闭上眼睛，完全放松自己的身体。

③想象在黑暗中，面前一步远的地方开了一扇天窗，一束光柱照射下来。光柱里出现一个身影，这是自己以前曾经有过的最放松的状态，想象自己当时的形象、眼神、表情、身体语言等，非常清晰地在脑海中展现出来。

④向前走，步入这束光柱中，完全和自己放松的形象重叠，并感知那时的形象、眼神、表情、身体语言等，让当时放松的状态充满自己每一个细胞。

⑤想象自己以这种放松的状态走上讲台，达到最好的演讲效果。

## 步骤四  价值观：内在激励

### 信念和价值观的区别

价值观意味着回答"什么是重要的""这样做有什么意义和价值"这类问题，明白我们每天都在忙什么、为什么而忙、追求的是什么，如幸福、快乐、开心、公平、公正、创新、开放、共赢等，这些都是价值观词汇。例如阿里巴巴的价值观：客户第一、团队合作、拥抱变化、诚信、激情、敬业。加瓦的价值观：专业、创新、开放、共赢。同时，价值观在每个人或企业内心中是有高低等级的，核心价值观就是价值观中最重要的一级，例如我们追求公平公正、创新共赢，最终都是为了追求幸福感，那么，幸福就是核心价值观。

而信念则是人们对整个世界或事物的认识和看法，即我们为了追求和实现价值观需要秉持的理念，需要做的事。我们经常说的带有"应该""必须""需要""如何如何做"的句子，往往就在表达对某人某事的认识和看法。例如某人讲：要想日子过得更幸福，我就必须勤奋工作。这句话表明此人的价值观是"幸福"，而他认为必须为此"勤奋工作"，那么这句话就是这个人的信念。某些人也想更幸福，但其信念是吃喝玩乐才能得到幸福，于是他就纸醉金迷；强盗也想要幸福，但他们却选择杀人越货，这就是信念不同造成的。但表面看来，他们追求的价值观却是一致的。

### 信念与价值观的重要性

我们可以看到，如果追求的价值观相同，而秉持的信念不同，行为就会千差万别。反过来讲，每个人的习惯、秉性和经验不同，那么在行为层面就很难达成共识，可是如果能上升到价值观层面就更容易统一。例如，企业内的财务人员厉行节约，而营销人员想花钱加大宣传力度，大家其实都是为了公司更好地发展。如果教练型领导者仅仅从行为层面进行协调的话，大家往往各说各话，互不相让。可如果将双方换一下位置，再来看同样的问题，双方的说法就会立刻改变。这就是典型的"屁股决定脑袋"。如果让大家站在实现企业目标的角度或总经理的角度来看问题，就会发现其实大家的目的是一样的，矛盾就变得容易解决了。

**愿景与价值观的关系**

简单来说，我们追求的愿景与我们的核心价值观越契合、越匹配，我们实现这个愿景和其中每阶段目标的内在动力和执行力就越强，抗风险的能力也就越强。加瓦教练模型的第一步就是设定中长期目标，第二步是体验目标达成的状态，第三步则是要探索核心价值观。整个流程就是让愿景和我们内在的追求建立深度连接，挖掘潜力，给予我们在面对困难采取行动、进行改变时的动力。

**连接愿景与价值观**

（1）愿景目标与身体感受相结合。

在教练过程中，当被教练者提出一个合适的目标时，教练型领导者就需要让被教练者想象并详细描述当这个目标实现以后的场景，他自己是什么样的着装、神采、手势、音调等，同时也可以描述周围的情景是什么样的，例如有哪些人、大家在一起干什么、表现是什么样子等。总之，就是从眼、耳、鼻、舌、身等方面把场景描绘清楚。

在描绘完场景之后，教练型领导者一定要注意让被教练者像电影一样仔细描绘那时候发生的事情，描绘得越清楚，被教练者的感受就会越深刻，产生的动力也就会越强大。当被教练者详细描述完这些场景后，教练型领导者一定要邀请他步入这个场景中，全身心投入地去感受，就像是从现在穿越到目标实现时的现场一样。一般在这个时候，被教练者的身体语言会透露出他是否进入了那个美妙的时刻。如果他很放松、非常开心、露出微笑并侃侃而谈，类似的表现可以证明他已经沉浸在那个场景中了。这时候，教练型领导者可以询问被教练者是否完全进入和感受到了那时候的氛围。当得到肯定的答复之后，教练型领导者可以邀请被教练者按下暂停键，沉浸并享受这种状态。

（2）挖掘核心价值观——剥洋葱法。

下面，我们给大家介绍发掘核心价值观的剥洋葱法，即教练型领导者可以按照逻辑层次的高低，提出下面的问题。

首先探索价值观层次。当这种实现目标的场景发生时，你觉得这对自己有什么好处、意义或价值？如果被教练者回答A，那么教练型领导者可以继续深究：如果你得到了A（注意这应该是个价值观词汇），那么A会带来什么更深层的价值呢？A会带来什么更大的意义呢？如果被教练者的回答是B，那么教练型领导者可以这样问：如果得到B，B又会带来什么更深层的价值呢？这样循环深入地问几次，直到被教练者找到一个较为核心的价值观词汇为止，也就是在这个过程中反复出现的、让被教练者感觉最舒适、最轻松、最愉悦、最感动的那个价值观词汇，这种感觉教练型领导者当时应该可以很明显地观察到。当这个核心价值观词汇出现时，被教练者就已经把愿景和自己内在追求的价值联系到了一起，即追求这样的目标或者愿景是与他内在的向往相匹配的。

其次探索身份层次。探索完价值观后，教练型领导者可以继续问被教练者：这时，你觉得自己是什么样的人？你怎样评价自己？

最后是愿景层次。探索完价值观和身份后，教练型领导者还可以问：这时，你生命中最重要的人（父母、妻子、子女、崇拜者等）会如何评价你？

**突破愿景背后的束缚**

完成愿景与价值观的连接之后，我们再来看看被教练者的愿景背后是否还存在什么束缚，以及如何突破这种束缚。

（1）困扰产生的原因。

当人们产生烦恼时，也就是人们开始深入思考、产生觉悟的时候。为什么会这样说呢？我们知道，烦恼是因为期待和现实有差距而产生的。我们想年薪100万，可领导者才给50万，这就会让一些人闷闷不乐。这背后是因为有一个信念在起作用，这个信念就是自己觉得自己值100万。如果有人觉得自己只值30万，而领导者却给了50万，那这个人一定会高兴得手舞足蹈吧。所以，了解一个人的信念价值观系统非常重要。因为价值观和信念变了，整个世界就变了。有人说：一念之转，人生改变。所谓转念，就指的是转变他的思想系统中的信念。

（2）信念的形成。

一个人的信念系统是在个人的成长经历中逐步建立起来的，受到家庭、学校、社会的长期教育和自己经验的影响，每个人在心里就形成了一套是非黑白的价值判断系统，而我们的行为就会受这套系统的指挥。这是一套相当稳定的系统，改变其中的某种信念是非常不容易的，尤其是这种信念在逻辑层次中的位置越高，改变就会越难。例如：历史上的"地心说"这种人类信念，是经过了哥白尼、伽利略的殊死搏斗才改变的，这是因为信仰处在逻辑层次的系统层面；如果一位员工总是认为自己是打工仔，领导者就是剥削者，那么这位员工就很难全身心地投入，和领导者一起打拼，这是在逻辑层次的身份层面；再如一位员工认为，对自己的生活进行时间管理就是自找麻烦，所以他执行领导提升效率的要求时，就会拖泥带水，这是在逻辑层次的能力层面。相比而言，这三个案例中信念改变的难度肯定是逐级下降的。所以你就会明白，确立信念是多么重要，转念是多么不易！

在被教练者明确目标和愿景后，教练型领导者可以继续追问对于这个愿景和目标，其内心是否存在着某些恐惧和烦恼，尤其是在目标制定得比较高的情况下或挑战比较巨大时，被教练者容易出现焦躁不安的情况。因为这种高目标在激发他的同时，也会造成极大的忧虑和恐惧，如果不及时处理，就会得不偿失。所以，如果发现这种负面的情绪，我们就要支持被教练者去深入地觉察。然后再一起探索是否能支持他突破自己的信念，或者对目标和愿景做出调整。

（3）解开束缚的方法。

①员工成长模型。

我们参照业界使用的几种模式整合形成了一个员工成长模型，见图4-7。员工一开始处在中心安全可靠的舒适圈里，怡然自得却无法成长。只有穿越外面无法掌控的恐惧圈，才能到达更外面培养新思维的学习圈进而走上实现梦想之路的成长圈。穿越恐惧圈，主要的方法就是以实现愿景为动力，觉察我们的心智模式，挑战自己原有的信念/价值观系统并植入新的理念，然后通过不断地创造和实践，最终实现自己的梦想。这整个过程，就是教练型领导者支持和帮助员工和团队持续成功的主要工作。

图4-7详细说明了员工成长需要跨越的舒适区、恐惧区、学习区和成长区这四个由易到难的阶段，以及员工在每个阶段的表现。

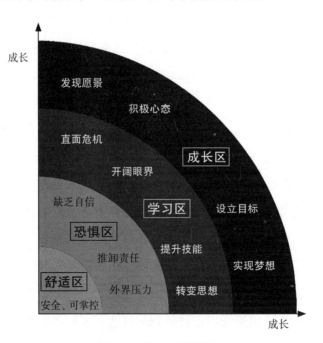

图4-7 员工成长模型

②穿越舒适区的案例。

◐ 案例

我曾给一位高管做教练，她说自己的目标是成为集团某个业务单元的CEO。但在教练的过程中我们发现，这个目标背后最大的阻力来自集团领导对她的不信任。原因是每当她在一家单位就职时，总是习惯性地给自己留几条后路，时不时与其他有竞争关系公司的高层接触，让自己觉得有退路和安全感。但是，本单位领导对此却非常忌讳，结果导致她一直得不到重用。我进一步了解她小时候的背景，她讲到那时父母关系很差，每天晚上只有她自己在家，害怕得不得了，所以她从小就缺乏安全感。于是，长大以后无论做什么事情，尤其是重要的事情，她都必须准备好后路才行。这就是她内心从小就建立的信念。当她觉察到这一点时，两个选择就摆在了她的面前，一是改变这个信念，二是舍弃自己的目标。最终，她选择了自己的目标。所以她后来找到集团领导进行了一番深入沟通，保证从此不再和竞争对手的高层私下往来。故事讲到这，结局相信大家已经猜到了，最后她的确如愿以偿地成为公司的CEO，事业从此风生水起。

◐ 案例

曾经有一位女性高管向我抱怨自己非常烦恼，因为她的业务做得很好，但却听不得背后有人传播针对自己的风言风语。每当听到有关自己的流言，她就特别恼火，接下来不是找多嘴的同事对质，就是找上级要求主持公道。搞得整个公司时常鸡飞狗跳，不但自己疲惫不堪，还严重影响了与同事的关系，甚至部门的业绩。当我们谈话时，她说自己有精神洁癖，要求自己非常完美，所以接受不了别人背后讲自己的流言。再深入探讨时，她说小时候父母对自己的要求非常苛刻，如果考不到全班的前三名，或者是父母听到别人说自己的坏话，她就会面临一顿打骂。所以长大后她对有关自己的流言就显得非常敏感。这时，我让她觉察到每个人的观点是不一样的，对自己控制不了的事情，与其这样怄气，不如把这些流言当作激励自己成长的鞭炮声，把所有的精力聚焦到自己想要的东西上，而不是让她产生负面情绪的事物上。她觉得把闲言碎语当鞭炮声来督促自己进步这个比喻很好玩，也很励志，决定在工作中试一试。这次对话之后，她的情绪有了很大的改善，自己内心轻松自在了，与同事间的关系得到改善，业绩自然也得到了很大提升。

③从烦恼入手的教练模式。

还有一种方法，教练型领导者可以直接从烦恼入手，从被教练者过去的精彩经历中汲取动力来面对现状。

◐ 案例

有一位企业家说，这次疫情给公司造成很大的损失，一个季度的收入没有了，但开支却没降低多少，所以这段时间他很焦虑，失眠了好多天。这时，我请他用一个比喻来形容一下现在的处境，他说就像一只老虎被困在了笼子里。接着我问他，在这种情形下，老虎怎样才能离开笼子？他说老虎要摆脱困局，一是要好好活着、等待时机；二是要找到新手段把笼子搞破。我又问他，在过去的经历中有没有类似的处境，那时候他是如何处理的？他沉思了很久，缓缓地说道，自己作为领导者多年，这种类似的情况遇到过很多次，每次经过自己和团队不懈的努力，结果都大难不死。到此，我们都知道已经破局了。后来他吃得饱睡得香，新开了网店，还整合了周围的资源，通过共享客户来销售产品，生意又很有起色了。

从这些案例中我们可以看到，教练型领导者在教练的过程中，既可以用未来导向的愿景来激发被教练者，也可以通过烦恼让被教练者看到和突破困住自己的心智模式，还可以从过去的成功经历中汲取智慧和力量。但具体用哪一种方法，并没有一个现成的标准答案，教练型领导者需要灵活地根据被教练者的表现和现场的实际情况随机应变。

## 步骤五　行动：节点与成果

加瓦教练流程的前面几个阶段更多的是在做人内在的工作，例如如何让自己的愿景视觉化，如何让自己的愿景与核心价值观产生连接，如何处理愿景背后的恐惧，这些都是探讨"想出来"的阶段。下面我们将讨论如何将目标和愿景转化为实实在在的行动计划和步骤，这就是探讨"做出来"的阶段。

### 变革公式

变革公式是由理查德·贝克哈德和鲁本·哈里斯二人在大卫·格莱希尔研究的基础上，于1987年共同提出的一个简单有效的管理工具，用以迅速获取对组织变革的可能性及变革条件的直观印象。

首先给大家介绍一下变革公式，即在什么情况下人们才有足够的动力，勇于直面变革或困难并采取行动，如图4-8所示。变革公式的左边是愿景、不舒服和第一步行动三个要素相乘，公式右边是因变革产生的阻力。变革公式表达的意思是，当愿景的吸引力、现实问题引起不舒服的程度和从哪里开始第一步的清晰度这三个要素乘起来，如果大于因改变而产生的阻力的话，人们就会开始采取行动进行改变。所以，当被教练者面对转型或者梦想却一直犹豫徘徊没有采取行动时，教练型领导者就应该和他一起，一项一项地探索变革公式的要素，这样就可能找到问题的根源在哪里。

图 4-8 变革公式

### 厘清行动步骤的方法

下面介绍两种比较简单易行的帮助被教练者规划行动步骤的方法。

**方法一**：促进行动的三个问题。

促进行动的三个问题可以在被教练者的行动方案时间跨度短、难度低的时候使用。这三个问题是：

①在这段时间内，你会采取哪些行动来完成目标呢？

②那么，你采取的第一个行动是什么？

③在实施过程中，你认为最大的困难或障碍是什么？如何解决？

**方法二**：思维导图法。

思维导图法是一种较为复杂，但更为综合和一目了然的目标分解方法，主要用于规划稍长时间的行动方案，不但可用于个人，在团队中应用也很有效果。在讲这种方法之前，我们先介绍 3 个思维引导术语，即上堆、下切和横阔。

（1）三个思维引导术语。

每一个事物都是更大系统的一部分，这种从小处入手，探索更大系统的过程就叫上堆，例如把汽车上堆是交通工具，把钳子上堆是修理工具。每个事物也可以分解成若干个小系统，把大系统拆分为若干小系统的过程叫下切，例如把汽车下切就可以按品牌分为奔驰、宝马、奥迪等；按用途可分为客车、货车、越野车等；按部件可分为车身、轮胎、发动机等。每个事物也存在着平行的、可以取而代之的若干事物，这个水平拉伸的过程叫横阔，如汽车的替代物就是火车、飞机、自行车等（见图 4-9）。

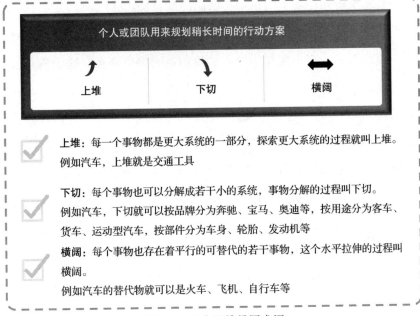

图 4-9 三个思维导图术语

（2）目标分解的步骤。

用思维导图法进行目标分解的具体步骤如图 4-10 所示。

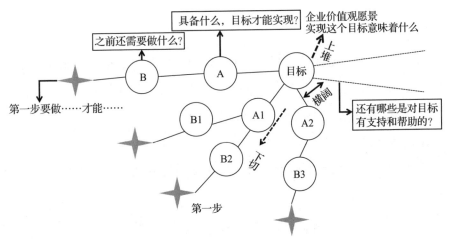

图 4-10 思维导图法进行目标分解

①请被教练者在白板上写出一个时间段的目标。

②首先我们进行上堆，目的是探索实现这个目标对个人或团队的意义，并一项一项列出来，当出现较为核心的价值观时即可停止。这个核心价值观就是大家前进的动力。

③然后开始下切，提出这样的问题 X：针对这个目标，你需要做什么事情？于是得到答案 A。这就是要把大目标逐步落实成小目标。

④在每一次下切的过程中，当问完 X 问题后，还要接着问：除此之外，还可以做什么？这就是横阔的阶段，如答案 A1、A2。目的是把这个层次所有该做的可能性都列出来。

⑤在列出 A 层次所有的可能性后，整理合并同类项。然后按重要程度排序，再依次进行下切，直到取得当下可采取的行动为止。

大家注意，在整个下切的过程中，每一个节点，如 A、A1、A2、B、B1、B2、B3 等都是子目标，都需要符合目标的 PEC-SMART 原则。

接下来，我们用一个小案例来说明应用思维导图法进行目标分解的过程。

## ◐ 案例

2020 年 8 月公司做招生规划，计划在 11 月 1 日开办一期课程。因此，这次规划的目标就是 8 月 5 日，即我们开始做教练的那一天，到 11 月 1 日这段时间内，被教练者要完成招生 20 人的目标。

①确认目标。

我就从这个问题开始帮被教练者进行目标分解："你的目标是什么呢？"

他的回答是："在 8 月 5 日到 11 月 1 日这段时间里，我要完成招生 20 人的目标。"

②上堆的过程。

确认这个目标以后,我开始上堆的过程(见图4-11)。我问他:"实现这个目标对你有什么样的意义呢?"

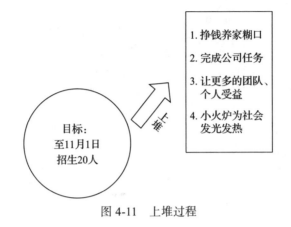

图4-11 上堆过程

他思索了一下,回答说:"我要挣钱养家糊口,我要完成公司的任务。"

我继续问他:"你再想一想,这样的招生过程对你有什么更深层的意义?"

他又想了一会儿,说:"我可以让更多的团队和个人从学习中受益。"

我继续让他思考:"这个背后,还有什么更高更大的价值呢?"

他又思考了一下,说:"我对自己人生的定位就是成为一个传播温暖的小火炉。如果我能让更多的人参与这个课程,那么我就会成为这样一个小火炉,为社会发一束光发一分热!"这时候,我看到他已经进入到一种很开心、很愉悦的状态中了。当我们把核心的价值观词汇,如成为小火炉,为社会做贡献提炼出来之后,就可以停止上堆了。

③下切继而横阔的过程。

接下来我就开始进行下切并横阔的过程(见图4-12)。

我问:"要完成招生20人的目标,我们需要做哪些事情?"

他思考一下,说:"我们首先可以开线上的课程说明会。"

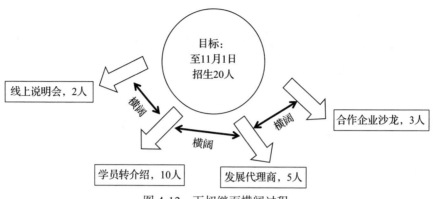

图 4-12 下切继而横阔过程

我继续让他横阔，我问他："还有呢？"

他说："我们还可以请学员转介绍。"

我接着问："还有什么？"

他说："我们可以发展代理商，我们还可以去企业里面做沙龙进行招生。"

其实，这就是一个下切后不断横阔的过程。那么经过横阔之后就大功告成了吗？还不够。因为每一个行动方案都是一个目标，而每一个目标都要遵循 PEC-SMART 的原则。

所以，接下来我就问他："关于这 4 个目标，开线上说明会、促进学员转介绍、发展代理商、举办合作企业沙龙，你觉得每一块能完成招生的人数各是多少？"

他列出一张表，说："线上说明会的目标是 2 个人，学员转介绍的目标是 10 个人，发展代理商是 5 个人，开企业沙龙可以招 3 个人。"

④ 找出重点依次下切，再回头进行检视、步步定位厘清的过程（见图 4-13）。

在明确目标之后，我就问他："我们找一个最重要的方面开始下切，好不好？"

他想了想，说："学员转介绍这部分人数最多，我也觉得最有把握。"

其实，当我们围绕着学员转介绍这个目标开始下切时，就会发现它就是一条简单的路径（如图4-13中的白色箭头），一步一步地跟着流程，以终为始，一直追溯到现在立刻能够做的行为为止。

让我们以学员转介绍的目标为例，到11月1日学员转介绍要招生10个人。

接下来我问的一个问题就是："你在完成这个目标之前，上一步你要干什么？"

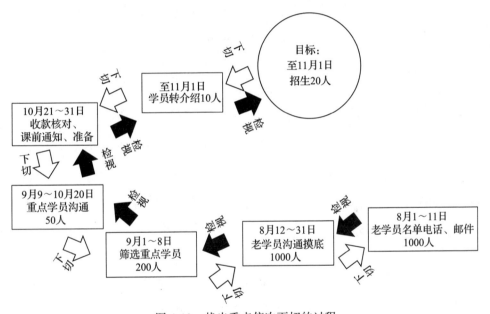

图4-13 找出重点依次下切的过程

他说："我要收款，并核对这个款项是不是正确，我还要发课前通知。"

那么我接着说："你在完成这些工作之前要做什么呢？"

他就说："我要跟这些重点的学员进行沟通。"

我问："你在跟重点学员沟通之前要做什么工作？"

他就说："我要筛选出这些重点学员。"

那么我还问他："筛选出重点学员之前你要做什么？"

他就说："我要给所有的同学打一遍电话，还要发邮件进行沟通摸底。"

我继续问他："在这一步之前我们又能做什么？"

他回答说："我现在就可以开始把所有老学员的通讯录名单都整合起来。"

到此为止我们看到，完成请学员转介绍这个目标的过程，从头到尾组成了一串行动的"葡萄串"。如图 4-13 中的下切白色箭头这条线。

但是，大家思考一下，光有这些行动步骤就足够了吗？其实还差一点，就是每个目标节点都要遵循的 PEC-SMART 原则。因此，我们开始反推回去对这一连串工作进行检视（如图 4-13 中黑色箭头）。

我问："你完成这些目标的时间节点是什么？"

他就把这几个行动的期限又都规划了一下，什么时候完成第 1 步，什么时候完成第 2 步、第 3 步、第 4 步。

我继续问："每一个阶段都是有转化率的，你现在接触过的学员大概有多少？"

他说："我们联系较为紧密的老学员大概有 1000 位。"

我说："你觉得每一个步骤的转化率都是多少呢？"

接下来他开始计算每一步到每一步各需要转化多少，并写出来了。从一开始给 1000 人打电话发邮件，然后筛选出重点的学员，通过这种方法可以筛选出 200 人。从中进行重点沟通的可以余下 50 人。到了收款环节，就要确保 50 人中有 10 个人交钱报名。通过这种方法，学员转介绍的目标与行动就列举完毕了。

接下来就是把同样的流程用在每一个子目标的分解上，最后形成一张如何保质保量完成最终目标的示意图，具体实施时还可以根据进展情况进行调整，以保证每个节点的顺利完成。如果其中某一部分超额完成任务，例如请学员转介绍这一条线，招生的人数如果超过了 10 个人，那么就可以填补其他几部分没有完成目标的缺失，反之亦然。

把上面 3 张图拼在一起，就得到了图 4-14。注意，为方便起见，该图仅有学员转介绍这一个下切和检视的路径，省略了其他几个方面的下切过程。正式项目中需要把其他 3 条路径都分解完成。

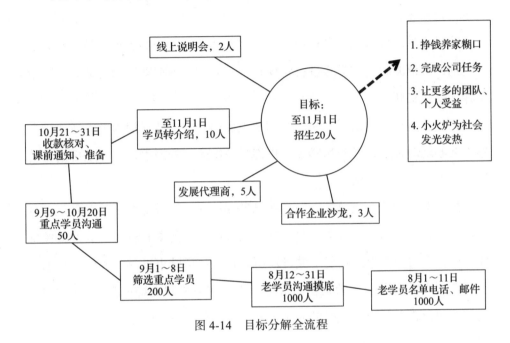

图 4-14　目标分解全流程

从这个简单的案例当中，我们可以看到目标分解的流程与具体步骤。不论是个人还是团队，如果大家人手一份这张图，每个人的任务就会清晰可见，并可根据实际情况相互沟通和协调，对该图进行调整，那么完成目标就会尽在掌控当中。

## 步骤六　总结：效果检视与承诺

### 教练对话总结三部曲

当教练对话即将结束的时候，被教练者总是会收获一些新的启发和洞见，并确立之后的行动方案。为了更好地帮助被教练者达成愿景，我们需要用三个步骤更好地结束整个教练流程。

第一步是让被教练者回顾整个教练对话的过程，并总结在这次谈话中自己的收获。对照教练对话开始时的教练合约，双方就可以看到这次教练对话的效果到底如何，价值何在。

第二步是教练型领导者根据被教练者在约谈过程中的表现，找出几处闪光时刻，对他的表现和进步进行正面嘉许，并鼓励他把随后的行动方案付诸实践，落在实处。

第三步是除了约定下一次的时间地点和内容外，教练型领导者还要满怀感恩之心地对被教练者表达感谢。也许是一次热情的握手，也许是更亲密的拥抱，随后再相互告别。

虽然教练对话中被教练者一直在思考和探索，但教练型领导者需要一直进行陪伴，提出问题，分享经验，支持被教练者的觉察和转变。双方就像舞伴一样，在实现梦想的主题下共舞。所以每次谈话结束以后，我相信教练型领导者的内心一定会充满欣喜和富足。因为在唤醒和支持被教练者的同时，教练型领导者也会从对方那里感受和吸收智慧和能量，让自己受益匪浅。

# 03

第三篇

# 打造"三高五力"的团队/组织

没有完美的个人,只有完美的团队。

——英国心理学博士,贝尔宾

**教**练学的发展始于20世纪中期，在20世纪末到21世纪初期间得到迅速发展。教练学在早期的应用中主要通过采用一对一的教练模式，关注和促进个人发展。然而，近些年的研究发现，个人教练确实能够帮助组织中的高管提升领导能力，但是团队绩效却并不一定会得到提升，团队发展也并不是团队成员个人有效性的叠加。于是，人们开始关注如何教练整个团队。

近年来，一些专家也试图对团队教练领域做出清晰的界定。其中，哈克曼和韦哲曼提出的团队教练定义是："教练与团队之间的直接互动，其目的是帮助团队成员在完成团队工作的过程中能够根据任务恰当地、协同使用共同资源。"大卫·克拉特巴克将团队教练定义为："通过反思和对话，帮助团队提升绩效并改善达成绩效的过程。"彼得·霍金斯在其著作《教练、指导和组织咨询：督导及发展》中把团队教练定义为："通过厘清团队使命、改善内外部关系，促使团队运转发挥出一加一大于二的效果。"因此，团队教练与教练团队的领导者如何带领自己的团队，以及在团队背景下对个人进行教练是有显著不同的。

在总结众多的团队教练服务形态的过程中，彼得·霍金斯进一步提出了一个团队教练的进阶序列，即团队引导教练、团队绩效教练、领导力团队教练、变革型领导力团队教练。团队引导教练主要关注和负责流程改善，而不直接针对绩效提升；团队绩效教练在关注团队流程的同时也关注团队绩效；领导力团队教练关注团队如何担当起集体领导角色；变革型领导力团队教练关注组织和业务的转型升级。同时，彼得·霍金斯在团队教练的实践中逐步完善并提出了"系统性团队教练"的概念："系统性团队教练是一个过程，在此过程中，无论团队成员是否在一起，团队教练都是与整个团队一起工作，帮助团队提升大家的集体绩效以及优化彼此合作的方式，并帮助大家提升集体领导力，更有效地调度所有重要利益相关者共同进行更广泛的业务转型。"系统性团队教练在三个方面具有系统性：首先，关注点主要是团队整体（如团队宗旨或使命、绩效和流程等），团队中个人发展和人际关系提升是第二位的；其次，关注点是系统背景下的团队，支持团队调动所有利益相关者并与其建立关系；最后，把团队教练的总结和反思也作为团队教练系统的一部分。

北京大学的路江涌教授在研究组织发展时，其思维框架和霍金斯教授的模型有异曲同工之妙，只是路江涌教授研究的视角用组织代替了霍金斯教授模型中的团队，也就是说，路江涌教授研究的是如何处理一个组织内、外部的人和事，而霍金斯教授研究的是在系统中一个团队内、外部的人和事，而在实际工作中，具有决策权力的层次，不论是组织，还是具有一定决策权的团队，两者的角度是有一定的交叉和融合的。

## 三高五力模型

我们研究发现：按中国人的文化和习惯，霍金斯教授的5C模型和路江涌教授的组织变革模型的四个象限对应了团队四项能力的建设，即关注外部利益者的任务交付的交付力；关注内部团队任务执行的执行力；关注内部团队关系协作的凝聚力；关注外部利益相关者的关系联结的影响力。同时，卓越的团队还需要具有对这四个方面能够持续反思和迭代的学习力。它们的关系如图 P3-1 所示。

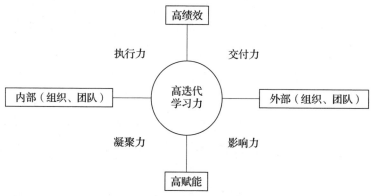

图 P3-1　三高五力团队系统的关系

汪慧老师和加瓦教练团队总结了我们长期的企业培训、教练和咨询的经验，以终为始地思考企业最关注的领域，提出培养卓越团队的三个核心目标是：高绩效、高赋能与高迭代，这三方面也构成团队教练的核心工作，因此，"三高"联系在一起就形成了加瓦团队教练的"铁三角"。同时大家通过进一步分析认为：交付力和执行力保障了高绩效组织目标的实现，凝聚力和影响力保障了高赋能组织目标的实现，而学习力保障了组织不断学习、持续迭代发展目标的实现。这五个方面就形成了企业团队追求"三高"需要提升和建设的"五力"。所以，经过不断的探索、研究、实践和整合，加瓦提出了三高五力模型，并逐步完善了相关的工具包。该模型既可供组织层面决策团队使用，同时也可以为具有一定决策权力的项目部等团队使用。具体如图 P3-2 所示。

图 P3-2　三高五力模型

在一般的企业项目中,我们会在前期调研的基础上,首先对企业的"三高五力"方面做一个测评,大致分析企业在这几方面的现状。然后我们就可以有针对性地开办各种培训和工作坊,在团队中比对测评数据,一起暴露问题、转化心态、凝聚共识,并采取教练的方式针对相关的领域进一步进行探索,制订改进方案并予以执行。最后,我们在项目结束时重新进行测评和总结,来判断教练项目的效果并为以后的工作打好基础。

对于在企业有针对性的变革转型项目中,如何应用三高五力模型解决实际问题,我们将在本书第四篇的相关案例中进行专题介绍。

第五章 | CHAPTER 5 |

# 打造高绩效团队

大家可以从三高五力模型中看到,打造高绩效团队,需要打造团队的交付力和执行力,见图5-1。下面我们一一进行讲解。

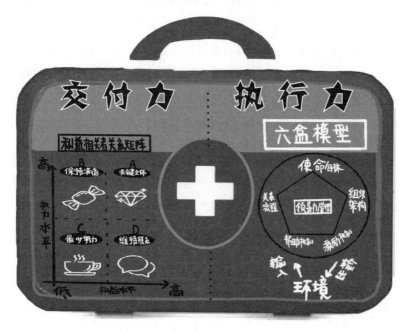

图 5-1

## 高绩效团队之交付力

交付力主要解决团队"为谁扛枪,为谁打仗"的问题。如果团队想要取得成功,首先需要从团队的外部利益相关者那里获得对团队的工作目标、团队能够获得的资源以及团队的成功标准等方面的清晰确认。在本章中我们将为大家介绍的工具是利益相关者分析方法,同时,在案例部分我们也将介绍实操的案例和如何使用角色扮演工作坊。

### 利益相关者分析方法

管理学家弗里曼在《战略管理:利益相关者方法》中提出:利益相关者是指那些能够影响组织目标的实现,或者会被组织目标实现过程影响的个体与群体,组织没有这些群体的支撑将无法存在。例如,在公司治理领域,运用利益相关者方法分析的观点是:除了投入物质资源的股东外,雇员、顾客、供应商、政府部门、社会公众媒体等,这些相关方或是为企业注入了一些非物质投资,或是为企业分担了部分经营风险,一样应该被视为企业的利益相关者。企业管理者应该积极管理和塑造同利益相关者之间的关系,从而实现组织生存和发展的目标。

奥伯瑞·门德罗(Aubrey Mendelow)于1991年提出"利益相关者关系权力—利益矩阵",为组织的利益群体提供了分析工具,即根据两个维度划分利益相关者的类型:一是利益相关者对组织的利益诉求度,即对组织战略和决策的兴趣达到了何种程度;二是利益相关者对组织而言拥有权力水平的高低,表现为是否拥有为自己争取利益的渠道。由于不同类型的利益相关者对组织的影响力和影响方式不同,管理者也应该根据不同区域各利益相关者的特征,采取相应的管理措施。利益相关者关系矩阵如图 5-2 所示。

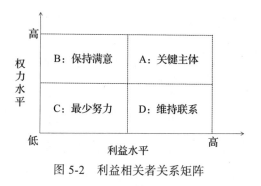

图 5-2 利益相关者关系矩阵

以上利益相关者关系矩阵显示了组织管理者对处于不同区域内的利益相关者应该采取的措施和希望达成的管理目标：A 区域的利益相关者利益诉求水平较高，且拥有相应的权力通过影响组织决策实现其诉求，是组织最为关键的利益相关者；B 区域的利益相关者利益诉求较低，但拥有较高的权力左右或影响组织的决策制定和战略实施，管理者应使 B 区域的利益相关者保持满意；D 区域的利益相关者对组织的利益诉求程度较高，但是缺乏相应的渠道为自身争取利益，管理者应通过提供信息与其维持联系即可；C 区域的利益相关者权力和利益诉求都很低，管理者往往不需要付出额外的努力去获取此部分群体的满意。

### 某医疗集团并购难点分析

某医疗集团地处成都，是一家以医美为主业的知名企业，近年来发展态势良好。为了争取上市，集团从 2020 年开始成立发展战略部，并购了 3 家地处北京、深圳及南昌的医院 X、Y、Z。但在实际整合的过程中，由于原有的文化和经营理念不同，集团发展战略部与 3 家公司产生了很多矛盾，例如集团发展战略部要求创新和灵活，但这遭到 3 家医院的一致反对，医院希望更加规范化，同时这几家医院带有一定程度的官僚主义作风，对集团发展战略部要求的一些做法不屑一顾，并声称这是外行领导内行。所以并购整合工作进展比较缓慢。

为此，集团发展战略部王总召开了一次并购工作研讨会来梳理各项工作的轻重缓急。首先，大家在一起画出了发展战略部的利益相关者图谱，其中包括集团领导层、政府相关部门、集团原有部门、集团原下属医美医院、三家新并购的医院XYZ和各自的客户。接着王总又要求大家按照图5-2所示的矩阵对并购工作的利益相关者进行分析，分析结果如下。

其中：

A：政府相关部门、集团领导层、Y医院。

政府相关部门和集团领导层都把这次并购任务当作年度重点工作来抓，所以领导们对此寄予厚望并大力支持。Y医院因为地处深圳，思想比较开放，在当地颇有影响力，竞争意识及市场意识都比较强，在并购工作中非常希望和集团达成命运共同体来开拓市场，容易接纳集团的新理念。

B：X医院。

由于集团在当地是明星企业，政府相关部门非常支持并力促这次并购工作。X医院地处北京，建院时间长，在当地有影响力，以前的效益也不错，但官僚主义比较严重，这次整合中遇到的阻力会比较大。

C：Z医院。

虽然其很想通过并购提高效益，但毕竟地处经济发展一般的地区，市场影响力不大。

D：客户、集团原有部门、集团原下属医美医院。

这些利益相关者还是基本按照以前的运营情况进行就好，本次并购与它们的关系不大。

从利益相关者矩阵分析看出，集团发展战略部最重要的利益相关者在A区域，即政府相关部门、集团领导层和Y医院。发展战略部一方面要经常和政府相关部门、集团领导层汇报工作，争取在宣传、资源、人才、税收和资金等各方面获得政策支持；另一方面要与Y医院积极沟通与协调，争取用3

个月的时间先把 Y 医院作为并购试点打开突破口，为以后进一步影响其他医院树立榜样。其次一级重要的利益相关者在 B 区域，即 X 医院。在 Y 医院试点工作未做出显著成绩期间，发展战略部要与 X 医院保持联系并随时通报情况，让它保持满意。再次一级重要的利益相关者在 C 区域，即 Z 医院。这个阶段应组织该医院的各级人员来集团学习并通报情况。D 区域的利益相关者做好日常的信息沟通即可。

通过这次利益相关者矩阵的分析，王总和大家一起看到了此次并购工作的真正重点在哪里，统一了集团发展战略部的意见，所以后续的工作井然有序。他们先和 Y 医院的领导一起达成了文化转型和运营模式的共识，经过 3 个月的努力，Y 医院的试点工作非常成功，他们的服务意识和效益都有显著提高。这种榜样的力量也大大影响了 X 医院和 Z 医院，让这两家医院看到了并购后执行集团发展战略部规划的价值，建立了共识，所以后期的整合工作整体顺利完成，集团发展战略部最终得到了集团的年度表彰和嘉奖。

## 高绩效团队之执行力

执行力主要解决团队工作效率的问题。根据团队外部利益相关者的任务交付要求，团队内部需要进一步明确团队的使命、价值观、战略与目标、角色、关键绩效指标等。团队内部需要做到理念落地、结构高效、人岗匹配、协调通畅。在此我们给大家介绍韦斯伯德的六盒模型的应用。

### 六盒模型方法

六盒模型由韦斯伯德（Weisbord）于 1976 年基于组织发展的经验总结提炼而成。2010 年该模型被引入到阿里巴巴集团公司（简称阿里）的支付宝团队，2013 年在阿里被广泛应用。六盒模型总结了组织发展和组织诊断的六个大类，包括：使命／目标、组织／架构、关系／流程、领导力／管理、帮助机制、激励机制。六盒模型从组织内部视角对组织进行全面盘点、诊断与评估，持续检视业务实现过程，从而帮助组织"盘点现状""打开未来"，搭建起组织现状与未来发展的桥梁。六盒模型就像是组织的雷达屏幕，能够及时反映组织当下发生了什么，以及组织最需要调整和突破的是什么。我们使用这个雷达屏幕时，不仅要关注独立闪烁的光点，还要关注整个屏幕的状态。韦斯伯德的六盒模型如图5-3所示。

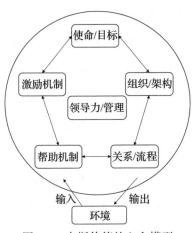

图 5-3 韦斯伯德的六盒模型

### 盒子1：使命/目标

（1）诊断内容。

盒子1主要诊断组织的使命、目标和客户方面的内容。组织的使命是对组织存在的价值和意义的回答，也为组织提供了内在的动力。使命如灯塔，指引组织前进的大方向。组织依据其使命将现有的资源、力量聚焦到发展的主要方向上。目标是企业管理的核心，没有目标的组织如一盘散沙，高效的管理一定是以目标为导向的。使命与目标是组织发展的终点，也是组织发展的起点，因此，盒子1的状况显示了组织对其价值定位和客户群体定位的清晰度。对盒子1相关问题的诊断是组织成长过程的首要环节。

（2）诊断重点。

- 使命的有效性：组织使命的陈述不能仅仅成为一张纸。一个真正有效的使命具备以下特质。首先是简单清晰，便于理解和传播，也能够让大家保持专注；其次是激动人心，能够激发人们改变的欲望，激发组织产生积极的变化和成长，为组织提供持续动力；最后是长期性，组织目标会不断调整，但使命如同指引组织持续发展的灯塔，要保持长期性才能成为企业决策的基石。

- 目标的明确性：目标的制定要遵循 PEC-SMART 原则，即正向、系统平衡、可控、具体、可衡量、可实现、现实的、时限性。关于目标的一致性，可以邀请团队成员共同探讨，达成共识。

- 组织的共识：组织上下应对组织的使命与目标形成共识，这样才能产生组织整体的凝聚力。只有在基层人员对组织的使命与目标充分理解与认同的情况下，组织才会有好的执行力，尤其是当组织进行战略和目标的调整时，让一线执行人员知道组织变化的原因，才能减少抵触，更好地调动全员的积极性。俗话说春江水暖鸭先知，一线人员对市场变化的感知最快，组织高层在做出决策和判断时，要适当调动组织各层面人员参与，使组织成为一个联动的决策大脑。

诊断问题举例见表 5-1。

表 5-1　盒子 1：使命 / 目标诊断问题

| 诊断内容 | 问题设计 |
| --- | --- |
| 使命 | • 公司的使命是什么？我们的业务目标符合公司的使命要求吗？<br>• 我们对公司未来的使命和愿景达成共识了吗？<br>• 我们的使命要求员工有怎样的价值观？ |
| 目标 | • 今年组织的关键目标有哪些？执行过程中目标发生调整了吗？发生调整的原因是什么？<br>• 我们为客户实现了哪些价值？客户满意吗？<br>• 我们的目标是如何在组织中传递的？大家都清楚目标吗？ |
| 客户 | • 组织的利益相关者有哪些？我们的核心客户是谁？如何定义我们的客户？<br>• 我们向客户交付的产品是否满足客户的期待？ |

### 盒子2：组织／架构

（1）诊断内容。

盒子2主要诊断企业的组织／架构、职责与分工等内容。企业制定完目标，就需要组织／架构来支撑目标的实现。在诊断组织／架构时，我们就要从组织的目标出发，诊断组织／架构是否适应最新的内外部业务价值交付流程。组织目标的实现一定要充分体现在组织／架构上，例如业务目标的实现依靠组织内的哪些价值链环节，这些环节由哪些岗位支撑并快速响应。没有完美而不变的组织／架构，每一个架构的提出，都是为了解决现实阶段的痛点。在动荡的市场环境下，完美的组织／架构应该能够对业务流程和客户目标的变化做出及时响应和调整，在兼顾成本和效率的情况下持续迭代进化。

（2）诊断重点。

- 依据组织战略目标和客户需求来审视组织／架构的设计与合理性。组织／架构是为保障组织实现目标和满足客户需求而存在的，组织／架构中各单元（部门、岗位等）的设计需要与组织目标来对接和匹配。
- 组织／架构设计要考虑企业的行业特征和文化特征。

诊断问题举例见表5-2。

表5-2　盒子2：组织／架构诊断问题

| 诊断内容 | 问题设计 |
| --- | --- |
| 架构 | ・组织／架构是否能够支持使命／目标的达成？需要怎样的架构去支持目标的实现？<br>・当前的组织／架构在支撑公司主要价值创造活动的流程中有哪些问题？如何进行调整？<br>・能否清晰画出组织／架构图？组织／架构中职责与分工是否清晰、合理？哪些关键岗位承担着实现目标的责任？ |

### 盒子3：关系／流程

（1）诊断内容。

盒子3主要诊断企业实现价值创造的流程体系以及人与人的协作关系。

组织内部的协同问题可以分为硬和软两个方面，硬问题是流程体系的问题，软问题是人与人协作的问题。如果组织协作出现问题，我们还要进一步分析问题是来自组织流程的设计，还是人的协作，从而为管理者精确定位管理盲点。组织中人与人之间因协作产生冲突是必然现象，而存在一定冲突的团队可能会更有活力和创造力。同时，组织不同部门之间也存在着天然的互相制约关系，比如销售部门与研发部门之间在及时响应客户需求方面会产生冲突，财务部门与市场营销部门在成本控制方面会产生冲突，等等。组织各部门之间正如人体各器官的相生相克关系，正是由于这种关系的存在，企业才能更好地把控风险、保持活力、健康成长。管理学研究发现，团队的建设性冲突有助于团队发展。因此，作为团队的领导者，要接受冲突的持续存在，但也应及时干预以避免破坏性冲突的出现。

（2）诊断重点。

- 以组织战略目标或客户为导向梳理企业实现价值创造的流程体系。流程体系也可以认为是组织结构的过程性表达。企业所有的活动或流程都应该由各层级的目标来牵引，实现端到端的价值创造。
- 实现流程与架构的匹配。梳理流程时，应注重自下而上的方法，从细分的流程确定组织/架构设计中岗位、职责等与流程的匹配度，并相互优化。
- 重点关注企业主要的价值创造活动和流程。迈克尔·波特的价值链理论将企业价值链创造活动或流程分为主要流程和辅助性流程。主要流程是指涉及产品或业务的创造、生产、销售及售后等增值性活动，辅助性流程是指保障主要价值增值活动顺利进行的辅助活动，如采购、人力、行政等。

诊断问题举例见表5-3。

表 5-3　盒子 3：关系 / 流程诊断问题

| 诊断内容 | 问题设计 |
| --- | --- |
| 流程 | • 公司是否以战略和客户价值为导向来梳理关键的业务流程体系？<br>• 公司主要价值创造活动的流程是否清晰并运转良好？组织满足客户需求的业务流程是怎样的？<br>• 你认为组织流程中哪些环节是阻碍组织目标达成的瓶颈和痛点？<br>• 组织流程与组织 / 架构存在不匹配的情况吗？如何进行调整？ |
| 协作关系 | • 组织和外部以及组织内部部门之间关系的质量状态如何？组织内部团队之间的正式关系，哪些是好的，哪些是差的？<br>• 组织内部团队中有哪些冲突会对完成目标形成严重阻碍？团队用怎样的方式去解决 / 管理冲突（组织 / 个人）？<br>• 如何加强团队内部沟通？如何构建团队的信任感？ |

### 盒子 4：帮助机制

（1）诊断内容。

盒子 4 的帮助机制主要是指保障主要价值增值活动与流程顺利进行的辅助活动以及组织内部的协调手段。帮助机制的出发点是让组织的主要价值增值流程运作更顺畅，让在组织中工作的人有更好的工作体验。帮助机制也可以分为关注事情的硬性机制和关注人的软性机制。硬性机制通常是组织正式公布的条例制度，如预算审批机制、招标采购机制、汇报与反馈机制、风险预警机制等。软性机制指组织为增强凝聚力和协作而建立的正式或非正式的机制，如文化建设、团队建设、员工关怀等方面的机制。

（2）诊断重点。

- 重点审查帮助机制对组织关键价值创造活动的支持。组织关键价值创造活动所需要的人、财、物等方面的资源是否有完善的机制来保障。
- 关注软性帮助机制的作用。组织内部软性的帮助机制，如员工生日庆祝、团队文化建设、读书会等，能够为组织提供更多有温度的人文关怀。虽然这些机制短期见效慢，但能够增加组织的长期活力和动力。

诊断问题举例见表 5-4。

表 5-4 盒子 4：帮助机制诊断问题

| 诊断内容 | 问题设计 |
|---|---|
| 硬性帮助机制 | • 组织内各支撑部门的支撑性工作流程是否清晰？需要完善的有哪些？<br>• 组织内部各部门沟通协调会议或机制有哪些形式？有哪些需要进一步改善？ |
| 软性帮助机制 | • 组织建立了哪些机制来增强组织凝聚力或团队动力？如何进一步改进？<br>• 针对员工的个人学习和成长，组织是否有相关的机制保障？ |

**盒子 5：激励机制**

（1）诊断内容。

盒子 5 所诊断的激励机制会塑造组织成员的行为，并进一步影响组织的生存和发展。激励机制包括物质激励与精神激励两方面内容。物质激励包括工资、奖金、期权、股权等。精神激励包括组织文化与工作氛围、荣誉称号、价值导向、主管的表扬与欣赏等。当然，有些激励兼有物质和精神激励的效果，如员工受到提拔和晋升。从经济学视角看，物质激励有边际效应递减特性。而从心理学视角，精神激励更能激发人的内在动机，对员工动力的激发和持久性会更好。因此，组织要重视精神激励机制的建设。

（2）诊断重点。

- 以组织目标和任务为导向设计物质奖励机制。组织的物质奖励资源是有限的，因此，物质激励设计要对不同岗位人员的需要进行调查、分析和预测，然后根据组织的奖酬资源设计各种奖酬形式。
- 重视精神激励机制的建设。精神激励通常能够体现企业的核心价值观，为企业发展提供长期动力。精神激励与物质激励的配合有助于组织培养德才兼备的人才。
- 按需激励的原则。激励的起点是满足被激励对象的需求，需求因人因时而异，并且只有满足其最迫切的需要，效用才好。因此，领导者需要针对组织中不同层次的人员及其需求结构的变化，有针对性地采取激励措施。

诊断问题举例见表 5-5。

表 5-5　盒子 5：激励机制诊断问题

| 诊断内容 | 问题设计 |
| --- | --- |
| 物质激励 | • 组织目前的薪酬激励结构（工资、绩效奖金、福利等）是否清晰？对员工的激励效果如何？<br>• 组织的激励机制和惩罚机制是否促进了组织绩效目标的实现？<br>• 组织的激励机制是否公开透明？ |
| 精神激励 | • 组织的精神激励机制有哪些？效果如何？<br>• 组织的管理者能否尊重和欣赏员工？ |

### 盒子 6：领导力 / 管理

（1）诊断内容。

盒子 6 是韦斯伯德认为最重要的盒子。盒子 6 主要诊断组织的管理者带领团队完成目标过程中领导和管理的能力，以及平衡其他 5 个盒子的能力。领导能力主要关注组织的未来以及对人的激励，如使命和愿景描绘、战略规划、赋能激励、开拓进取等。管理能力主要关注组织任务或事务的高效运作和执行，如目标管理、绩效考核、计划和预算等。

（2）诊断重点。

- 重视领导风格与管理对象及管理情景的匹配。针对企业的不同管理层级以及不同职能部门，领导风格应该做出调整，才能产生好的领导效果。
- 领导决策方式需要从个体决策逐步向团体决策转变。个人指令型的领导决策方式难以激发团队的创造性，因此，在 VUCA 的时代，组织越来越需要管理团队的集体共识和集体决策。
- 领导者要关注 5 个盒子整体的同步和动态平衡。在诊断和改进 5 个盒子时,盒子之间的差距不能太大,要保持动态平衡。比如,组织变革开始时,战略目标很宏大,但变革后的组织架构与业务流程没有匹配好,员工有干劲也难以完成工作配合,组织目标肯定难以完成,员工也会有挫败感。

- 组织的创新要以扎实的管理能力为基础。创新通常出现在组织边界,也就是不同业务之间。当业务在迅猛扩张的时候,因为向周边业务延伸,所以就更容易产生新想法。创新需要建立在组织能力很强的基础上,组织能力强,员工有余力扩张和探索,此时创新才会出现。
- 中层管理者团队的整合是组织领导和管理的重要工作。组织中层管理者的本位主义常常割裂了部门间的协同能力,将中层管理者整合成为一个团队,是组织中最容易忽略的事情。

诊断问题举例见表 5-6。

表 5-6 盒子 6:领导力 / 管理诊断问题

| 诊断内容 | 问题设计 |
| --- | --- |
| 领导能力 | • 组织是否制定了清晰的使命、愿景、价值观和战略目标且在组织各层面达成共识?<br>• 领导团队如何应对组织未来面临的不确定性?对组织的未来是否有预见和决策的能力,以及承担风险的能力?<br>• 领导团队如何推动组织变革,如何激发组织的创新? |
| 管理能力 | • 管理团队在对 6 个盒子进行诊断和改进时是否有全局观,并能使 6 个盒子的内容保持动态的平衡发展?<br>• 管理者如何让使命和战略目标贯穿于所有的计划过程?目标的制定与完成过程是否有上下贯通和横向对齐的机制? |

我们如果对以上 6 个盒子的作用做一个总结的话,关于目标和使命的盒子 1 为组织的发展指明了方向并使众人行;关于组织 / 架构的盒子 2 完成了组织的排兵布阵和知人善用;关于关系和流程的盒子 3 主要是为组织建机制和造土壤;关于帮助机制的盒子 4 是打造组织的支援部队;关于激励机制的盒子 5 实现了组织的梦想驱动和奖勤罚懒;关于管理与领导力的盒子 6 为组织配备了富有创造性并高效运作协调的大脑。

## 某电信公司文化共识工作坊

某电信公司开展"再创业精神"文化大讨论及企业文化共识工作坊，回顾公司创业历史，展望公司未来发展愿景，剖析企业现状及变革步骤，最终形成新的企业文化，凝聚共识，凝聚人心。该项目实施过程中，公司一把手和各级部门领导集体参与，党群与外部咨询培训公司紧密配合，在全公司范围内开展文化大讨论，使得全员能够参与讨论、达成共识并落实日常行为规范。参与项目的团队教练通过共识工作坊的形式，组织一线经理、中层管理团队以及公司领导班子，对公司的使命、价值观、战略、三大目标、三项重点任务、三大重大转型进行了讨论、提炼和总结，并达成集体共识。通过文化共识工作坊在组织各层面的实施，该公司的团队凝聚力显著增强。此次文化共识工作坊主要涉及的是韦斯伯德组织发展的六盒模型中的盒子1，主要针对该公司的使命、价值观和战略目标进行诊断和明确。

在公司使命和价值观工作坊设计和实施过程中，采用了团队引导技术进行团队共创。通过欣赏式探询方式发掘成员过去在企业的闪光经历，重新点燃再创业的激情，产生由内而外的蜕变，达到凝聚团队精神、提高员工士气的目的，形成合力整装待发的局面。结合企业创业与发展历程，用体验式方法再现企业精神的高峰体验，以点带面，发挥群策群力的优势，真正实现"内化于心、外化于行"，进而助力业绩目标达成，共同实现未来愿景。该工作坊达成的目标是：实现"企业文化员工创"的氛围，群策群力达成共识；高度提炼企业再创业精神、使命、价值观以及行为规范；激活团队内在动力，将企业文化内化于心；突破个人思维瓶颈，爆发个人及团队创造力；工作坊聚焦人的核心动力，通过塑造场域，使人的心态和行为发生正向的改变。

在公司战略目标和转型任务的共识工作坊这部分，主要围绕经营形成共识并落实到行为层面。通过头脑风暴、群策群力的方式，讨论制定解决问题的方案建议。采用行动学习技术，将行动计划落地实施。工作坊分为三个部分的内容：首先，聚焦于团队共创经营目标，讨论当前面临的差距，分析存在的问题，找到问题所在并将问题进行排序；其次，针对主要问题的解决方案进行研讨，集思广益形成方案建议，开展群体讨论和分析，最终落实到可以操作的具体方案；最后，将方案落实到行动计划，团队集体对行动计划做出承诺，明确具体实施责任人和里程碑。

## 某项目部执行力共识工作坊

为了完成某市为期1年半的重点工程装修项目，某工程集团成立了专门的项目部。为确保工程保质保量顺利完成，集团委派人力资源部的刘总为该项目部25位管理人员及核心骨干团队举办为期一天的"执行力共识工作坊"。

工作坊一开始完成破冰后，刘总在地上画出一条线，依次写上"过去""现在"和"未来"三个时间点，并把25位学员分成6个小组。

第一步，刘总让各组从"过去"走到"现在"，回顾集团的发展历程、完成的重点项目和获得的荣誉，每个小组分享一个精彩的故事，并要求大家在"现在"这个位置总结公司的理念和文化。

第二步，刘总在"未来"实现目标的位置上插上一面红旗，说这是1年半后竣工的庆祝大会，让大家站在这个位置把装修效果图挂起来，一起策划这次庆功大会并把大会的样子画出来，还让学员装扮成领导、专家、媒体记者和市民进行参观、采访和评价。

第三步，刘总让大家回到"现在"这个位置并介绍六盒模型，然后让每个小组针对某一领域及其问题进行讨论，之后在白板上写出解决方案并与大家分享。

第四步，刘总请各小组依次站到其他小组的白板旁，对上面的解决方案进行补充修正。

第五步，刘总请各组梳理补充各自修正后的解决方案，然后交由各小组再次讨论完善，经过整理后上交项目指挥部审核通过。

经过短短一天的高强度讨论，大家采取生动有效的教练式工作坊模式，展望愿景，总结经验，集思广益，提出了多种创新方案和管理制度，就多项细节及如何协调提出了无缝衔接的措施，各方面都达成了高度共识，为项目的顺利进行提供了人员和制度的保证。

上面，我们阐述了如何用六盒模型来提升团队的执行力。这个模型比较系统和完善，操作起来也会相对复杂一些。但如果团队项目比较简单，我们也可以直接用逻辑层次的方法，让整个团队从愿景、身份、价值观/信念、能力、行为和环境这六个层次逐层进行讨论和梳理（从上而下和从下而上反复进行），这样就可以简化这部分的工作。

第六章 | CHAPTER 6 |

# 打造高赋能团队

大家可以从三高五力模型中看到,打造高赋能团队需要打造团队的凝聚力和影响力,见图 6-1。下面我们一一进行讲解。

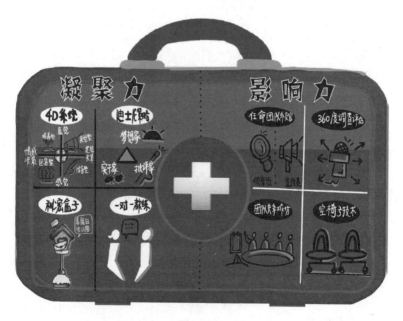

图 6-1

## 高赋能团队之凝聚力

凝聚力主要解决团队内部人员如何上下同心、集思广益、协同共创的问题，包括性格分析、共享愿景、知行合一和达成共识。我们常常发现，团队虽然已经明确制定了执行层面的目标、流程、岗位、管理制度等，但还是很难保证高绩效的产出。这是因为团队还需要在文化氛围、团队动力、冲突处理等团队人际关系方面加强团队内部的集体领导力。高绩效团队的执行力不是个人执行力的叠加，而是需要在团队领导的引领下，团队成员能够彼此欣赏、共同创造并高效协同。本章我们将给大家介绍的团队教练工具包括打造高赋能团队的 4D 系统、组织高效共识会议的迪士尼策略和秘密盒子等工具。

### 知己知彼的 4D 系统

4D 系统的创始人佩勒林博士曾经是美国宇航局（NASA）哈勃太空望远镜修复项目的总指挥。美国宇航局在 1990 年发射哈勃望远镜后，发现其传回的照片模糊不清，美国宇航局宣告项目失败。其失败原因被美国事故调查委员会定义为"领导力缺陷"。佩勒林博士带领团队用四年时间完成了哈勃望远镜的太空修复工程。随后，佩勒林博士开始致力于团队社会背景和领导力领域的研究和学习。结合自己多年成功与失败的管理经验，佩勒林博士创立了 4D 系统，以帮助个人、团队及组织提升领导力。2009 年，他撰写完成了《4D 卓越团队》一书。

4D 系统应用于组织中的团队建设和领导力提升项目，项目实施主要包括个人和团队测评、工作坊培训以及教练辅导三个模块。通过 4D 团队教练的参与，逐步改变团队文化氛围、心智模式和行为方式。这与传统培训的区别是：①通过客观的个人和团队测评结果，发现个体性格差异，找出团队行为特点，并结合团队目标，有针对性地进行跟踪辅导，促进思维和行为的转变；②以团队为主体进行培训干预，塑造符合组织目标的组织氛围，促进组织行为的改变；③团队教练参与组织的项目活动，在过程中进行辅导和跟踪，真正产生绩效改变。下面对4D系统操作的三个模块内容分别进行介绍。

**4D个人性格测评**

4D系统测评基于西方心理学家卡尔·荣格的性格研究。荣格认为人类在做决定和收集信息方面的倾向性是天生的。人类的决策方式可以分为理性决策和感性决策两种模式，而信息收集的方式可以分为感觉型和直觉型。4D系统测评使得团队建设和领导力发展变得可以衡量。4D系统测评问题的数量比较少，测评简单，一次测评用时短，可以用来定期检查个人或团队状态，提醒个人或团队将注意力及时放在需要改善的行为上。同时，对特定行为的重复测评，本身就会造成一定的心态改变。当人们对特定行为的注意力得到加强，相应心态的改变必然会促成特定行为的改变。4D个人测评能够使团队成员充分了解彼此性格和行为方式的差异，识别个人行为的改善方向，进而促进团队的沟通和协作。使用4D团队测评的组织能够对团队的文化类型进行诊断，并指明匹配客户需求的团队文化需要变革的方向。

4D个人性格测评是基于卡尔·荣格提出的人类的四种基本性格发展起来的，人类的性格决定其情绪和行为的风格，所以测评和完善团队成员的性格对于促进团队沟通和协作有重要的作用。4D个人性格测评的问卷可以参阅佩勒林博士《4D卓越团队》一书中提供的问卷，也可以使用一些在线测评工具，我们在此不再赘述。4D个人性格测评的结果用四种颜色表示四种人类的性格特点，如图6-2所示。"绿色人"在团队中被称为人际关系创造者，其性格特征是欣赏与感激他人，寻求共同利益，关心他人，善于沟通，追求自由快乐；"黄色人"在团队中被称为团队创建者，其性格特征是包容他人，诚实正直，信守承诺，忠于组织，重视团队建设；"蓝色人"在团队中被称为创意构建者，其性格特征是追求卓越，乐观坚韧，开拓创新，聪慧独立，领导变革；"橙色人"在团队中被称为制度创建者，其性格特征是注重计划、制度、流程与结果，坚持原则，实事求是。

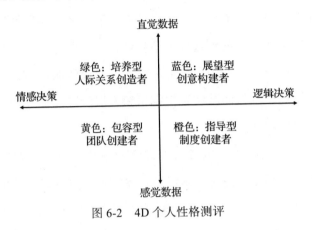

图 6-2　4D 个人性格测评

对于 4D 个人性格测评的解读和应用，需要说明以下几点。

（1）其实每个人都会具有上述四个颜色方面的性格特征，比如，同一个体在职场中可能会更多使用逻辑决策，而在家庭中更多使用情感决策。测评的结果只是展现测评时个体性格偏好的总体或习惯性倾向。

（2）利用 4D 性格测评结果，可以为团队中不同个体进行工作匹配。比如，绿色性格适合的职业岗位有：人力资源、教师、教练、宗教人士等；蓝色性格适合的职业岗位有：创意、战略、研发人员等；橙色性格适合的职业岗位有：项目管理、行政、计划等；黄色性格则适合销售、公关、工会等职业岗位。

（3）实现团队性格与工作任务以及组织发展不同阶段的匹配。比如，团队需要完成的工作任务并不需要创造性，但完成期限比较紧迫。那么团队的成员，尤其是团队主管最好匹配橙色性格的人，这样才能快速有计划地完成任务。又如，创业早期的团队在业务或产品方向需要探索，此时创业团队或团队领导最好匹配蓝色性格，才能确保团队锐意创新、持续变革；而当组织经过早期创业阶段后，就需要更多橙色性格的人加入组织，帮助组织实现有计划、有流程的高效率运营。

（4）保持团队成员性格的适当多样性。没有拥有完美性格的个体，但不同性格的人组合起来有可能成为一个完美的团队。如果团队性格类型一致性太强，则有可能造成团队的创造性或适应性不足。但是，如果团队的多样性太强，则可能难以形成匹配当前任务风格的一致性团队，而且会有更多的团队冲突存在。因此，工作团队应该根据组织发展阶段和任务特点，组成具有适度的性格多样性的团队。

（5）虽然每个人因为天生或后天环境的影响，形成了有偏向性的性格特质，但要实现人的持续发展，就需要在发挥各自偏好或长处的同时，也发展其他三个方面的特质，这样才能使自己灵活适应更多的工作环境，成为《4D 卓越团队》中提到的"4D 全能领导者"。

### 4D 团队发展测评

4D 团队发展测评（TDA）主要测评"团队社会背景"，它通过测量团队的行为模式来驱动集体行为的改变。测评的参与者是拥有共同领导者的团队成员，测评核心内容为团队成员的八种行为风格：①表达真诚感激；②关注共同利益；③适度包容他人；④信守所有约定；⑤基于现实的乐观；⑥百分之百投入；⑦避免指责与抱怨；⑧厘清角色、责任和授权。4D 团队测评的八种行为风格如图 6-3 所示。

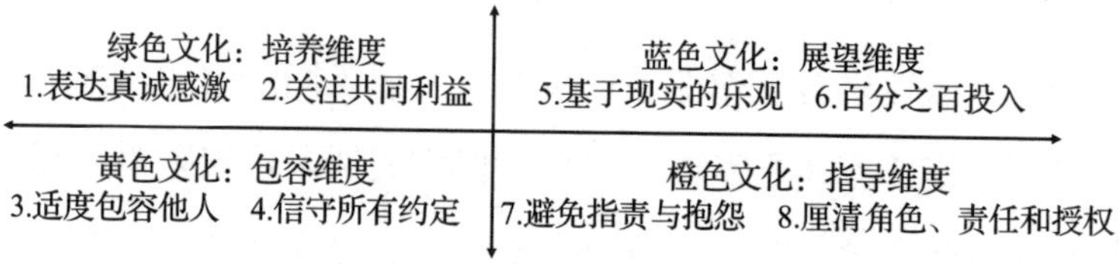

| 绿色文化：培养维度<br>1.表达真诚感激　2.关注共同利益 | 蓝色文化：展望维度<br>5.基于现实的乐观　6.百分之百投入 |
|---|---|
| 黄色文化：包容维度<br>3.适度包容他人　4.信守所有约定 | 橙色文化：指导维度<br>7.避免指责与抱怨　8.厘清角色、责任和授权 |

图 6-3　4D 团队测评的八种行为风格

4D 团队发展测评中四个象限八种行为的得分，是对团队中所有人的八种行为测量的平均得分，根据平均分数的情况，我们可以从总体上了解团队当前的文化背景偏向。关于 4D 团队发展测评的解读和应用，需要说明的几点是：

（1）通过对团队文化背景的评估，了解当前文化倾向特点，能将团队注意力转移到需要发展的行为上，激发团队做出改变。

（2）团队的文化背景需要根据团队的任务类型强化特定的行为，如研发创新团队需要强化蓝色文化（展望维度）的相关行为。

（3）能够全面发展八种行为风格的团队一定能够创造高绩效，因此团队可以定期地在八种行为风格方面进行持续的改善。

（4）邀请上级领导或客户对团队进行 4D 团队发展测评，可以为团队文化背景及行为的改善找到方向，也能促进与团队外部利益相关者的沟通。

（5）每次测评完后需要及时向团队说明测评结果，鼓励全员参与讨论，做出行为改善计划（包括任务安排、责任人、期限），并约定下次的评估时间。

（6）再进一步可以针对团队中的每个人进行八种行为风格的 360 度测评（或者每个人对自己的八种行为进行自评），让每个人获得同事和领导的反馈，有助于他们了解和改善自己的行为，个体的行为改善自然会促进团队整体文化背景的改善。

### 4D 工作坊

4D 工作坊培训的基本内容包括如下三个部分。

（1）发现个人 4D 性格，协助个人成长，改善团队沟通。

（2）学习团队社会背景的作用，用 4D 诊断团队，调整项目团队关注点、心智模式、行为和绩效。

（3）使用背景转变工作表，促进个人和团队八种行为风格的发展。

除 4D 工作坊的基本内容外，对客户的实际问题，可以有针对性地设计行动学习工作坊。

表 6-1 是一个为期两天的 4D 工作坊课程设计的具体举例。

◐ 案例

表 6-1　4D 工作坊课程设计

| 时间 | 内容 | 工具与方法 |
| --- | --- | --- |
| 第一天上午 | 哈勃望远镜的故事与 NASA-4D 介绍 | 案例 |
| | 人格的形成与 4D 人格测评 | 4D 个人测评 |
| 第一天下午 | 团队文化诊断与 4D 团队发展测评 | 4D 团队发展测评 |
| | 团队颜色与项目心态 | 背景转换工作表 |
| 第二天上午 | 管理自己的情绪，管理团队能量转换 | 管理故事情节 |
| | 发展团队八种行为风格 | |
| | 感激与欣赏 | 赞美的 HAPPS[①] 技巧 |
| | 共同利益 | 分组讨论 |
| 第二天下午 | 包容 | 面具角色练习 |
| | 守信 | 故事情节转化 |
| | 创造未来与百分之百投入 | 投入量表 |
| | 情绪管理 | 四种戏剧状态 |
| | 采取行动 | GROW 教练 |

① HAPPS 赞美技巧：形成习惯、表达真诚、表达及时、表达适度、表达具体。

**4D 教练辅导**

工作坊培训的效果会随着时间而衰减，如果学员在培训后不持续进行练习，工作坊的效果也很难持续。因此，组织中的 4D 工作坊会结合后期的教练辅导，加强和巩固团队成员新的行为模式。教练辅导可以选择面对面的团队教练和电话沟通的个人教练两种方式。

◐ 案例

某公司销售部总监李总和财务部总监高总一直相处不好，两人在各种会议上相互指责、互相批评。李总说高总是吝啬鬼，总想让销售部空手套白狼；高总则反驳说李总是一个纨绔子弟，夸夸其谈的败家子。疫情期间，公司为了加强决策团队的凝聚力，由人力资源部安排了一次 4D 培训。经过 4D

测试，大家发现李总是绿色特质，好交朋友，讲义气，非常在乎与合作伙伴的共同利益，所以干起事、花起钱来大手大脚；而高总却是和李总相反的橙色特质，严守规章制度，没有一点灵活性，所以对李总的各项费用审核很严，让李总及其下属非常不满。通过这次 4D 培训，两位在大家的讨论中，突然意识到双方的出发点都是为了公司发展，但在工作上一个要花钱来开源，一个要降低费用来节流，矛盾来自各自的本性和工作性质，并不是故意找碴儿、不给面子，所以两位总监"相逢一笑泯恩仇"，表示今后一定相互理解和配合，共同为公司发展做出更大的贡献。随后，公司 CEO 金总还派人力资源总监尚总给两位总监做教练，让他们学习如何在具体工作中更好地相处和沟通。3 个月后，两位总监的关系有了很大的改善，大家对两个部门工作的配合、协调和改善都给予了很高的评价。

### 关于 4D 的案例

#### 大韩航空

人们惊讶地发现，1988～1998 年，美联航的飞机损失率为每百万次损失 0.27 架，而大韩航空为 4.79 架，竟然超出 17 倍之多。事故调查人员从黑匣子的录音中，找到了相关的线索：遭遇空难的飞机的操作系统高度复杂，需要正、副驾驶员等相关人员相互密切配合才能完成任务，但由于韩国文化的影响和大韩航空中正、副驾驶员及其助手间存在的巨大的等级差距，资深机长往往独断专行，其他人员则会言听计从。当飞行遇到特殊情况时，他们相互间的沟通却很委婉和隐晦，从而导致信息扭曲甚至被误解，进而造成机毁人亡的悲剧。

2000 年，大韩航空在巨大的压力下终于采取行动，邀请了一个外国人做 CEO 来管理运营公司，从此以后大韩航空再也没有发生过一起空难。其中的一个秘密就是这位外国 CEO 简单地要求所有机组人员必须说英文。一方面，英语是飞行行业的通用语言；另一方面，这样机组人员就会摆脱韩语带来的等级制束缚，用英语交流改善了身份和文化背景的影响，从而促进了良好沟通。

貌似简单的调整，实质上是打破了内在社会文化的影响和束缚，避免了飞行灾难的再次发生。

## 组织高效会议的方法

高效会议是打造高赋能团队的重要基础。做好团队会议引导、设计会议结构和流程是团队教练发挥作用的关键。团队教练时常会担任组织会议的流程顾问，不仅要引导好会议的进程，而且需要更多倾听、观察并给予适当反馈。团队教练担当好会议流程顾问的角色需要把握以下要点：①教练要放下预判和假设，避免挑毛病，对会议中发生的事情保持中立心态；②教练与团队之间要建立亲和信任关系，这往往需要在前期工作中团队对教练有良好的评价和认可，有效避免团队防御心态的出现；③积极正向地提出问题，如在肯定和鼓励团队优势的前提下对团队提出问题和改善意见；④充分了解团队架构及所处的组织背景，能够在更大的系统下关注团队的运作模式；⑤适当分享教练自己的经验，并鼓励团队进行尝试和创新；⑥团队教练不是以顺利完成会议流程为目的，而是以解决问题和提升绩效为目的，所以一定要落实并跟踪后续行动计划，形成闭环。下面将两个组织团队进行团队共创和问题分析的工具分享给大家。

### 迪士尼策略

沃尔特·迪士尼（Walt Disney）被喻为创意天才，他凭借丰富的想象力创造出各种卡通人物。迪士尼乐园之所以取得世人瞩目的辉煌成就，源于迪士尼在工作过程中采用了非同寻常的头脑使用策略。每当迪士尼团队产生一种创意的时候，沃尔特·迪士尼就会扮演三个不同的角色：梦想家（Dreamer）、实干家（Realist）和批评家（Critic）。罗伯特·迪尔茨（Robert Dilts）模仿迪士尼的这种让梦想成真的创意方法，开发出名为"迪士尼策略"的教练工具。

迪士尼策略使用了三个角色：梦想家、实干家、批评家。梦想家需要发挥创造力，要不受限制地进行充分想象；实干家需要努力实现梦想家所设想的东西；批评家的主要功能是考虑实干家所列的计划中可能存在的缺陷和遗漏。通常在人们的日常思考中也会用到这三个角色。但与迪士尼策略不同的是，我们经常让这三个角色交叉起来。比如，当我们在畅想未来时，耳边可能常常会出现批评和质疑的声音。而迪士尼策略的要点是应用平行思维原理，让三个角色按照顺序出场。我们日常思考和决策时，如果要最大限度地发挥创造力，并从整体上兼顾风险和可执行性，那么这三个角色都是必不可少的。而通常我们可能会无意识地忽略掉某个角色，这能够通过迪士尼策略来避免。表6-2是迪士尼策略的具体使用流程。

表6-2　迪士尼策略的具体使用流程

| 步骤 | 内　容 |
| --- | --- |
| 一、准备 | • 选定一个要思考的议题<br>• 在三张白纸上分别写上"梦想家""实干家"和"批评家"，然后，将它们放在会议场地的三个区域 |
| 二、梦想家视角 | • 站在"梦想家"的区域，集中思考你最想得到什么、最想看到什么，要没有限制地发挥自己的想象力<br>• 重点是不要自我设限，随心所欲地畅想你想要的结果，抛弃头脑中出现的"不可能""太离谱"这些批判的声音<br>• 记录"梦想家"思考的内容 |
| 三、实干家视角 | • 从"梦想家"的区域走出来，停顿几秒钟，放下"梦想家"角色，然后站到写有"实干家"的区域<br>• 集中精力思考如何实现刚才"梦想家"的设想，不断地问自己怎样才能做到，此时也要把"做不到"等念头抛开<br>• 记录"实干家"思考的内容 |
| 四、批评家视角 | • 从"实干家"角色走出来，停顿几秒钟后，站到"批评家"的区域<br>• 思考"实干家"的行动方案有哪些和现实情况相符，哪些存在风险和漏洞<br>• 记录"批评家"思考的内容<br>• 注意：批评家只能对实干家的方案进行更正和补充，但不能对"梦想家"进行攻击或评判 |
| 五、实干家整合 | • 从"批评家"的区域走出来后，再次进入"实干家"角色，根据实际情况，整合出满意的方案并制订实施计划<br>• 为达成更完美的效果，实干家和批评家的角色切换可以多进行几轮 |

（续）

| 步骤 | 内　　容 |
|---|---|
| 六、梦想家收尾 | • 大家重回"梦想家"的位置，想象这个项目如果按大家规划的步骤完成后欢庆的场景，并探讨其对个人、团队及社会更深层的意义<br>• 最终，大家从迪士尼策略的三个位置撤出，整个团队一起回顾整个流程并分享在这个过程中自己的洞见、学习和感受 |

以上即为使用迪士尼策略的全套步骤。这个方法使我们清晰地把每一个角色进行透彻的探讨，在平衡大局的同时又能洞察细节，从而成功达成目标。依据场景，迪士尼策略可以采用多种形式进行，最简单的方式可以直接在三张纸上写下你在不同角色下的设想；最复杂也是效果最好的方式是让团队中的不同人进行角色扮演，三组人分别戴不同颜色的帽子，可以带入身体动作、变换语音语调来充分展示三个角色的思考内容。

项目团队采用迪士尼策略讨论项目的另外一个好处，就是在整个过程中大家都从同一个角度考虑问题，容易达成共识，这样就避免了平时大家开会时，由于性格、观点和立场的不同而容易产生的争执和矛盾，让团队达成共识的效率得以提升。

## 秘密盒子

在中国的文化环境影响下，国内很多公司中会存在"老好人"现象，大家为了团队的和谐，会避免组织内部的问题和矛盾公开化。但这种和谐是表面的和谐，易导致潜在矛盾和抱怨长期得不到解决，这种负面情绪会严重影响团队绩效。在组织团队成员讨论内部问题或工作坊培训时，为了更好地挖掘组织中潜在的问题，我们可以用秘密盒子这个教练工具在现场暴露出组织中的问题，以进一步及时地讨论如何解决问题。秘密盒子的具体操作流程如表6-3所示。

表6-3　秘密盒子的具体操作流程

| 步骤 | 内　　容 |
|---|---|
| 一、准备 | • 准备同样颜色的笔、贴纸和能装纸条的秘密盒子（纸盒）、白板纸、椅子（参与人员围圈坐下） |

(续)

| 步骤 | 内容 |
|---|---|
| 二、问题书写 | • 每人一张相同颜色贴纸，用相同颜色的笔匿名在贴纸上写下需要提出的相关问题，对折后投入事先准备好的秘密盒子<br>• 搜集完全部问题后，教练可以在盒子中搅动一下，使纸条混合 |
| 三、问题读取 | • 每个成员从盒子内抽取一张纸条，轮流读出纸条上的内容，就像这个问题是自己提出的一样，记录员将不同的问题记录到白板纸上 |
| 四、问题归类 | • 教练带领学员将相似问题进行归类整理、总结 |
| 五、问题反馈/解决方案 | • 小组成员和教练根据归类好的问题给予反馈，或者给出可行的解决方案 |
| 六、承诺执行 | • 让大家对达成共识的解决方案进行承诺，为后续执行奠定基础 |

## 针对团队成员的一对一教练

要真正打造团队的凝聚力，就需要团队中的每一位成员都能够把个人和团队的愿景、使命和价值观密切地结合在一起，即每一位成员都有共同的追求，同时采取相互协调的高效率行动，产生 1+1>2 的效果，成为有强大战斗力的整体。这部分在本书第二篇个人教练中已有详细介绍，此处不再赘述。

## 高赋能团队之影响力

团队的影响力可以评估团队的工作是否真正满足诸多利益相关者的需要，是否得到其高度认同。获得利益相关者的认同，不仅仅是在任务层面，更重要的是与利益相关者建立密切的协作关系，并且团队中的每一名成员都可以代表整个团队和利益相关者进行沟通和服务。这种良好的关系也能更好地调动利益相关者为团队提供资源支持。高赋能团队应该持续不断地更新关键利益相关者分析图，将精力聚焦在满足关键利益相关者的需求上，并利用相关利益者关系矩阵对团队的利益相关者（如客户、上级领导、合作伙伴、投资人、竞争对手、监管机构等）做出重要性排序，在此基础上有针对性地展开工作。

## 如何与利益相关者建立有效联系

（1）任命团队外交官。团队内部可以指定与关键利益相关者进行沟通的具体责任人，并将其命名为团队外交官。为提高对关键利益相关者的影响力，团队外交官要扮演好两个角色：一是侦察员角色，及时洞察利益相关者的需求和遇到的问题（团队交付力的关注重点在任务层面的需求，而团队影响力的关注重点在关系维护以及心理层面的需求）；二是宣传员角色，及时将团队的工作向利益相关者进行宣传，维护团队的形象与美誉度。同时，要做好与利益相关者的沟通工作，团队外交官最重要的是要有同理心和感恩心态，从共同利益出发，维护好与利益相关者的关系。通常团队外交官可以是团队的领导，但是团队领导不可能完成与关键利益相关者建立紧密关系的所有工作，所以，团队的每个成员都需要有这方面的意识并发挥自己的作用。在此，我们也要注意到团队领导者既是团队的成员，也可能是上一个层级的高管团队成员（组织内部的利益相关者），团队领导者需要做好这两种身份的整合。

（2）关键利益相关者与团队的关系评估。可以采用360度调查反馈的方法，搜集利益相关者（包括团队内部）对团队整体的评价。也可以通过现场访谈，与利益相关者进行互动，探寻其对团队的反馈和建议，讨论改进关系的措施。

（3）团队关系工作坊。组织团队成员与利益相关者的会议或工作坊。团队教练可以做好会议引导和现场教练，促进团队与利益相关者的对话，以便建立更加良好的关系。工作坊现场可以集中搜集利益相关者对团队的反馈和评价，并与利益相关者一起对相关问题取得共识并提出改善措施。下面介绍一个在工作坊可以使用的团队教练工具。

## 高效沟通的教练工具：心理投射效应与空椅子技术

《庄子·天地》篇中有一个"华封三祝"的故事：

尧在华巡视，华封人（在华地守护封疆的人）说："圣人！请让我为圣人祝福吧。祝愿圣人长寿。"尧说："不用这样。"华封人又祝："祝愿圣人富有。"尧说："不用这样。"华封人再祝："祝愿圣人多男儿。"尧说："不用这样。"华封人说："长寿、富有和多男儿，这是人们所希望的。你为什么不要呢？"尧说："多个男孩子就多了许多的忧惧，多财物就有很多麻烦，寿命长就会多受困辱。这些方面都对于培养无为的观念和德行没有帮助，所以我不希望拥有。"

"华封三祝"的故事反映了人们以己度人的心理偏差现象，在心理学上称之为投射效应。投射效应是指在人际交往过程中，人们常常假设他人与自己具有相同的属性、爱好、情感、倾向等，认为别人理所当然也想要自己心中想要的东西。投射效应主要在以下两种情况下发生。

1）人们总相信"物以类聚，人以群分"，认为同一个群体的人总是具有某些共同的特征。因此，在认识和评价与自己同属一个群体的人的时候，人们往往不是实事求是地根据自己观察得到的信息来判断，而是想当然地把自己的想法投射到别人身上。

2）当人们发现自己有某些不好的特征的时候，为了寻求心理平衡，就会把自己所不能接受的性格特征投射到别人身上，认为别人也具有这些恶习或观念。成语"五十步笑百步"讲的就是这样的一个故事。此时，投射作用也是一种自我保护措施，但往往影响了自己对人和事的正确判断。

"空椅子技术"是心理完形流派（格式塔）常用的一种技术，是将当事人的投射效应外显的方式之一。"空椅子技术"可以帮助当事人全面觉察发生在自己周围的事情，分析体验自己和他人的情感，从而促进完整和坦诚的人际沟通。"空椅子技术"分为以下三种形式。

一是倾诉宣泄式。这种形式一般只需要一张椅子，把这张椅子放在当事人的面前，假定某人坐在这张椅子上。来访者把自己内心想要对他说却没来得及说或者不想当面说的话表达出来，从而使内心趋于平和。

二是自我对话式。就是在自我存在冲突的两个部分之间展开对话，比如当事人内心有很大的冲突，又不知道该如何解决，就用两张空椅子分别代表冲突的两个部分，当事人坐在一张椅子上，扮演冲突的一部分，然后坐在另外一张椅子上，扮演冲突的另一部分，依次"相互"对话，从而达到内心的整合。

三是他人对话式。用于当事人自己与他人之间的对话。用两张椅子分别代表当事人自己和他人，坐到那张代表自己的椅子上面时，就扮演自己；坐在另一张椅子上时，就扮演他人。两者展开对话，从而当事人可以站在他人的角度考虑问题，去理解他人，为自己找到更多的可能。

◐ 案例

成都某医疗集团并购难点的利益相关者分析案例。当时在会议中，大家把政府相关部门、集团领导层和Y医院列成A类利益相关者，并在团队教练的指导下集思广益，列出了集团发展战略部处理并购难点的详细行动计划。但这个计划实施后的效果到底会如何呢？首先，团队教练在教室中心摆了3把椅子，分别代表A类的3个利益相关者，在这3把椅子对面摆了1把椅子代表集团发展战略部，然后让发展战略部的人员坐在椅子上向对面3把椅子的代表汇报工作，而模拟A类代表的人坐在3把椅子上听到汇报后，要对发展战略部的并购计划工作给出建议、进行评价和打分。大家随时可以坐在某个椅子上发表评论，直到大家对发展战略部的计划工作的满意度达到9分为止。

当然，如果能够邀请真正的利益相关者派代表来到现场给予反馈和评价，那么效果就会更好了。

我们在教练工作坊中使用"空椅子技术"解决团队与利益相关者关系的问题时，一般会使用这项技术的第三种形式，即他人对话式，协助团队成员与利益相关者进行对话，以发现和解决双方关系中的问题。如果利益相关者不在现场，可以由团队成员（该团队成员最好前期对利益相关者进行过访谈）扮演利益相关者，开展与团队的对话。如果利益相关者在场，可以让团队成员与利益相关者互换角色，站在对方的角色开展对话。这种角色置换后，其实是自己说自己的问题，不会引起抵触情绪和保护性反应。同时，这样大家也更容易感同身受地体会到对方的心理，培养了同理心，从而促进了全面的沟通。

人们外在的行为会受到心理感受和价值观的影响。因此，团队在与利益相关者进行沟通和解决问题时，可以利用马斯洛的心理需求层次理论，对利益相关者的关键需求进行精准定位。马斯洛认为人的心理需求是有层次的，是由低到高逐步满足的。其理论共包括五个层次：生理需求、安全需求、情感与归属的需求、自尊的需求以及自我实现的需求。与利益相关者进行对话时，因为他们的职位、年龄、性格等各有差异，其在需求层次理论中所关注的心理需求层次也会不同。因此，团队要精准定位利益相关者的心理需求层次，准确地掌握其真正的需求，与之产生心理共鸣，这样才能让沟通更顺畅，更有针对性地理解和解决相关问题，维护好相互之间的关系。

人们对外界人和事的看法，可能就是他们主观心理的投射。因此，当团队和外部利益相关者的关系中出现问题与冲突时，正是检查团队内部问题的良机，也是团队自我觉察和相互了解的好机会。

第七章 | CHAPTER 7 |

# 打造高迭代团队

大家从三高五力模型中可以看到,打造高迭代团队需要打造团队的学习力,打造学习力的方法(见图7-1),下面我们进行详细讲解。

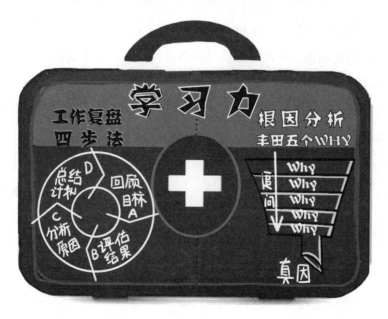

图 7-1

## 高迭代团队之学习力

学习力是指团队能够在工作中不断复盘、反思、总结和迭代的能力。尤其是在 VUCA 时代，组织更需要小步快跑，不断创新，持续创造卓越。卓越团队的交付力、执行力、凝聚力和影响力存在循环关系，而位于四种驱动力中心的就是学习力，学习力是从团队发展的整体上对团队其他四项能力及其彼此之间的协同模式进行复盘和反思。学习力使得团队有能力应对外部环境（技术、需求、社会等）的变化以及满足组织内部转型和变革的需求。

### 发展团队学习力的要点

首先，良好的团队学习力是超越团队内部个人层面的学习，是在团队集体层面甚至更大的组织系统层面的学习。团队学习力聚焦于团队和组织系统的发展目标。在团队的整体目标下，团队成员需要担负起学习和提升自己能力的责任，而团队领导者要承担起对团队学习进行积极管理的责任，持续推动个人和集体潜在能力的开发，并根据环境的变化推动组织的管理变革。

其次，了解团队学习风格及其局限性。赫尼和芒福德开发了学习捷径模型，以帮助团队认识到自己团队的五种限制性学习模式（见图 7-2）。

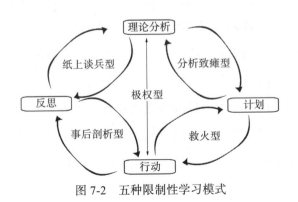

图 7-2　五种限制性学习模式

（1）分析致瘫型。团队陷在"理论分析—计划—再理论分析"的循环陷阱中，导致学习受限于对冒险和失败的恐惧。这种学习偏好的团队擅长分析，但落地能力比较弱，应该加强团队执行力的学习提升，或安排更有执行力的团队领导者带领团队。

（2）救火型。团队陷在"计划—行动—再计划"的循环陷阱中，团队学习偏好停留在试错阶段，倾向于解决短期战术问题，没有长远的规划和发展，团队发展难以突破一些瓶颈。这种团队应该加强战略规划能力的学习提升，或任用具有战略规划能力的团队领导。

（3）事后剖析型。团队陷在"行动—反思—再行动"的循环陷阱中。团队学习偏好倾向于不断纠错，过度关注短期的错误纠正，没有长期规划和方向的指引，难于跳出现有的小圈子。这种团队应该加强目标管理，明确团队的发展愿景。

（4）纸上谈兵型。团队陷在"反思—理论分析—反思"的循环陷阱中。团队学习偏好是理论分析与哲学思辨，这种学习风格的团队活在自己的理想国中，缺乏计划和执行能力，甚至会把团队带入发展的歧途。这种团队要加强理论联系实际的能力，让更有计划和执行力的团队领导者带领团队。

（5）极权型。团队处于"理论分析—行动"的循环陷阱中。团队缺少将理论分析细化到计划再到具体执行的过程，往往导致行动时的混乱和高失败率。这种团队往往是团队领导者比较强势，缺乏实地调研，拍脑袋做决策，也缺少团队共识和计划协同。因此，要加强团队凝聚力的培养或任用能激励团队协同工作的团队领导者。

最后，认识到团队学习的局限性只是开始，团队教练后续可以协助团队打破旧有的行为习惯和风格，形成新的、更有效的学习习惯。新习惯的形成需要时间，也需要教练协助团队建立一些流程和机制。团队教练和团队领导者可以参考 4D 卓越团队的测评、工作坊和持续的教练辅导来帮助团队持续保持学习力。4D 团队教练可以定期协助团队对交付力、执行力、凝聚力以及影响力进行扫描并采取针对性措施加以改善，比如 4D 性格测评与干预、团队领导者调整与人员搭配、厘清角色责任与授权、团队内外部的沟通与共识等。下面介绍用于提升团队学习力的工作复盘四步法。

## 工作复盘四步法

复盘是围棋中的学习方法，指的是在下完一盘棋之后，要将双方的对弈过程重新摆一遍，对下得好和不好的地方再次进行分析和推演。工作复盘作为一种从经验中学习的结构化方法，能帮助个人和团队更科学、更规范地将工作经验转化为能力并持续迭代。复盘是组织中提升团队学习力的重要手段，逐渐成为很多公司日常管理的一个部分。成功需要复盘，失败更需要复盘。如果通过复盘找到了失败的原因和改善措施，这种失败也将成为组织的财富。相反，如果不知道为什么成功，这种成功将是不可复制的，对组织其实也没有太大的意义。

联想把复盘能力作为选拔干部的重要标准。柳传志认为："学习能力是什么呢？不断地总结！打一次仗，经常得复盘，把怎么打的边界条件都弄清楚，一次次总结以后，自然水平越来越高，这实际上算是智慧，已经超出了聪明的范围。"华为的任正非认为："将军不是教出来的，而是打出来的。为此，在华为的战略预备队中，复盘做到了 100% 全覆盖。"马云曾说："让我们与众不同的不是错误！而是 1001 次的复盘！"

工作复盘四步法包括：回顾目标、评估结果、分析原因、制订计划。每步的具体内容及注意事项如表 7-1 所示。

表 7-1 工作复盘四步法具体内容和注意事项

| 步骤 | 复盘内容、诊断问题及注意要点 |
| --- | --- |
| 第一步，回顾目标 | • 内容：回顾最初制定的目标。清晰、明确、大家认同的目标是评估结果和分析差异的标准<br>• 问题：初始的目标是什么？重要用户（内、外部）的期望是什么？阶段性目标是什么？目标定得是否合适？是否有潜在目标？<br>• 要点：制定的目标要清晰，符合 PEC-SMART 原则，从而便于评估；团队成员对目标达成共识，理解一致；目标要在团队内进行分解，落实责任人和行动计划 |
| 第二步，评估结果 | • 内容：对照初始目标，找到亮点和不足点，尤其是值得深入挖掘的点<br>• 问题：基于目标评价的结果是什么？和初始目标比，哪些地方做得好，哪些地方需要改进？初始目标和结果是否相符？<br>• 要点：团队领导以身作则，主动自我反思，树立榜样，建立坦诚信任的氛围，避免只谈成绩，不提缺点 |
| 第三步，分析原因 | • 内容：深入分析问题，找到根因，发现真正起作用的关键点<br>• 问题：哪些因素导致成功或失败？成功或失败的根本原因是什么？对结果有主要影响的内外部因素有哪些？哪些因素可控？哪些因素不可控？哪些因素最重要？如何解决这些因素？<br>• 要点：团队共同参与分析原因，避免个人局部偏见，从整体分析问题背后的关键驱动因素；运用系统思考工具（如丰田五问法），深入挖掘根因；明确责任，以学习为导向（避免批评导向），对事不对人，实事求是地寻找原因；抓主要矛盾，对核心问题和关键挑战进行深入分析 |
| 第四步，制订计划 | • 内容：总结利弊得失和经验教训，做出未来行动的改善建议<br>• 问题：目前我们学到了什么？今后可以改进什么？哪些是我们要开始做的？哪些是我们不能再做的？哪些是要继续保持的？<br>• 要点：审慎分析，避免草率下结论；关注团队可以控制的事情，不要寄希望于超出自己控制范围的外部力量，否则就是变相地推脱责任；复盘不能止于经验教训的总结，务必制订清晰的后续行动计划，区分轻重缓急，明确资源配置与责任人 |

组织或团队要开好有效的复盘会议，还需要做到以下几点。

1）复盘参与者要具备开放的心态、坦诚表达、真诚地探询、反思自我、彼此信任、尊重并欣赏差异。这需要团队教练的引导以及组织文化与氛围的支持。华为的复盘提倡"对事不对人"。复盘是为了发现深层次的原因，而不是追究个人责任。复盘最主要的任务是找出问题的应对方法，以便组织不再重蹈覆辙。

2）复盘会议成为团队的常规管理手段。复盘可以在组织的不同层面

(个人、团队及公司高管）针对不同的任务（活动/事件、项目和经营/战略）建立例常性复盘制度（见表7-2）。个人和团队的基本工作复盘可以每天抽出5分钟来简单回顾，正如古人所说的"日三省吾身"。

表7-2 有效的复盘会议要点

|  | 个人 | 团队 | 高管 |
|---|---|---|---|
| 活动/事件 | 简单复盘，非正式，随时总结 | 团队基本工作复盘 |  |
| 项目 |  | 项目阶段性复盘、项目总体复盘 |  |
| 经营/战略 | 不适合 | 不适合 | 战略复盘 |

3）有经验丰富的复盘会议主持人或团队教练。要召开一场良好的复盘会议，复盘的主持人非常关键。复盘会议上人们不可避免地会讨论敏感话题，如"未达目标"的责任、失败的原因分析、决策失误等问题。因此，主持人要有熟练的团队引导技巧，才能提高团队对话和复盘的质量。复盘时一团和气，则没有人愿意揭露问题；而一味地相互指责、归罪于外，也无法真正解决问题。所以，合格的主持人就像催化剂一样，有助于促进团队在研讨中化学反应的发生。复盘会议主持人需要重视的工作包括：设计团队复盘会议，并做好充分的准备；使团队成员以适宜学习的心态参与复盘的研讨；通过提问，激发与会者思考并为团队提供必要的反馈；将冲突、不一致的意见转化为建设性的创造；及时澄清、总结、提炼并记录达成共识的观点，协助团队领导做好复盘的后续行动推进；为团队研讨提供必要而合适的工具与方法，提高复盘会议效率。

下面给大家提供复盘会议中使用的根因分析工具和复盘会议的模板（见表7-3）。

表7-3 复盘会议模板

| 回顾目标 | 评估结果 |
|---|---|
| 初始目标 | 亮点（与初始目标比） |

(续)

| 回顾目标 | 评估结果 |
|---|---|
| 达成的目标或里程碑 | 不足点（与初始目标比） |
| **总结计划** | **分析原因** |
| 经验与规律 | 成功的根本原因 |
| 行动计划 | 失败的根本原因 |
| 开始去做 | |
| 不能再做 | |
| 需要保持 | |

## 根因分析工具：丰田"五个为什么"

丰田的"五个为什么"，指的是面对生产过程中发现的问题，要通过连续追问五个（或者更多）为什么，找到其背后的真正原因。一个最有名的例子是：有一次，生产线上的机器总是停转，虽然修过多次仍不见好转。于是，大野耐一与工人进行了以下的问答。

- 一问："为什么机器停了？"答："因为超过了负荷，保险丝就断了。"
- 二问："为什么超负荷呢？"答："因为轴承的润滑不够。"
- 三问："为什么润滑不够？"答："因为润滑油泵吸不上油来。"
- 四问："为什么吸不上油来？"答："因为油泵轴磨损、松动了。"
- 五问："为什么磨损了呢？"答："因为没有安装过滤器，混进了铁屑等杂质。"

所谓连续追问，其实针对的是"做事情差不多就行"、浅尝辄止、糊弄一时的态度。只有真正逼近问题的根源，逻辑才会清晰浮现。这也是工作中精益求精态度的体现。

## 某教练学院年度复盘会议

第一步，回顾目标。8月份月度总结复盘，先要回顾一下8月份的目标，团队整体目标是多少，计划新增多少业绩，每个人分解下来的目标是多少，每个人计划新增多少业绩等，这样才能清楚地展现大家当初设定的计划。

第二步，评估结果。在第一步明确了大家的月度目标之后，接下来就要把数据摆出来，团队当前的业绩是多少，每个人完成了多少，跟当初设立的目标对照，完成度是多少，相差了多少等。这样分析下来，就能对8月份的工作有一个详细的梳理和总结，看到有哪些工作没做到位。

第三步，分析原因。通过目标和结果的比对，整个团队就能探讨问题出在哪里，有哪些地方没有做好，出现了疏漏。这样顺藤摸瓜就可以了解问题出现的原因，我们要怎么去解决。如果下次遇到同样的情况能不能避免这样的问题，有什么方法能做得更好，这些只要经过一次完整的复盘就可以找到解决办法。

第四步，制订计划。前面我们所做的事情都是铺垫，传统的总结到第二步或者第三步就已经结束了，但我们所讲的复盘是一个系统、流畅的过程，前三步都是给第四步制订计划做的准备，而这一步才是整个复盘过程的最终目的，即根据前面的检视，制订出以后工作的改进措施和行动计划，让团队工作达到更高的水平。

# 第八章 | CHAPTER 8 |

# 三高五力模型与企业变革转型

我们一生中都会遇到很多大小不同、情景各异的变革与转型,例如公司并购重组、团队任务调整、人员离职转岗变动或者人生中的一些变故等。在这些变动中,有些可能是我们主动创新或追求的,而有些则是被动和不得已的。

## 变革的六个阶段

变革专家里克·莫瑞儿先生在《遇墙皆是门:超越变革的阻力》一书中提出变革心智模型,我们结合这个模型把每一次变革或转型的过程归纳总结为以下六个阶段:

- 第一阶段:日子挺好(在黑暗中)。
- 第二阶段:直面挑战。
- 第三阶段:开始变革。
- 第四阶段:全面启动。

- 第五阶段：取得成果。
- 第六阶段：重新出发。

对于每一次变革或转型，大家走完这六个阶段，就等于是完成了一轮变革，然后再进入下一轮循环。那么问题来了，作为企业或团队领导者，我们在这些阶段中该采取什么方法，才能和自己的团队一起，面对挑战，奋勇争先，最终取得胜利呢？这是需要大家深入思考的问题。

汪慧老师根据这个变革循环周期模型，结合她自己对组织变革的理解和在企业中的实践经验，提出了更为动态的组织变革冲浪模型，并且在大量企业项目中得到了印证（见图8-1）。

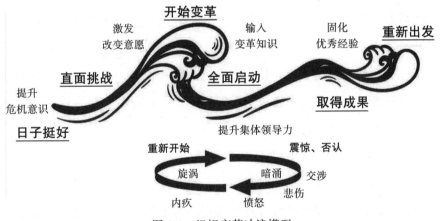

图 8-1　组织变革冲浪模型

## 变革六个阶段的处境与变化

下面我们详细分析团队在变革的每一个阶段中的处境和可能的变化。

首先我们看看自己团队的常态，其实大多数人都是安于现状的，熟悉的环境、熟悉的同事、熟悉的业务和流程、熟悉的客户和产品，等等。企业甚至为了保证规模、质量和水平，还要求标准化、流程化，并制定严格的 ISO 或六西格玛质量认证来规范管理。所以这个阶段就是第一阶段：日子挺好。

请大家思考一下，大到国家，小到企业和团队，变革首先是从内部还是外部开始的？我想大多数还是由于外部局势的变化和压力而开始的，其中存在两种情况，一种是更关注于外界或行业动态的团队高层会比较敏感地感受到环境的变化，需要团队内部进行调整；另一种则是环境发生重大变故，整个团队面对危机和生存压力需要迅速做出调整，以免遭遇灭顶之灾。所以，从日子挺好到直面挑战阶段，根据组织内外的形势和利益相关者需求的变化，拥有敏锐的危机意识非常重要。

在直面挑战之后，团队如何开始变革呢？我们可以看到，开始变革时每一个团队都会出现勇于开拓、犹豫不决和抵触反对这三种类型的人。在这个过程中，需要发挥原先公司内部的凝聚力，让一部分开拓者首先在某个领域进行尝试并收到良好的成效，让大家看到出路和希望，再去影响犹豫者和抵触者随之改变。所以在直面挑战这个时期，大家联合在一起不分开的凝聚力很关键，否则整个团队就会分崩瓦解。

团队开始变革之后就是全面启动的过程，就是大家一起规划，上对愿景，下对行动等责、权、利达成共识并予以认真遵守和执行的时期。所以在这一阶段，团队上下需要进行各种沟通和协调工作，目的就是早日对各项事务达成新的共识，形成新的行为规范并保证做出成效。这就是强化共识、知识分享和执行的阶段。

团队实施全面的变革转型以后，经过一段时间的实践和运营，大家需要把上阶段的知识一步步地转化成能力，进而提升整个团队的集体领导力。团队经过不断的行动，肯定会出现或好或坏的结果，这种结果的好坏、优劣到底该如何评估呢？这当然不能靠团队的领导人和团队成员们拍脑袋来决定，而是从团队的利益相关者的角度来评判。团队需要和这些利益相关者进行接触和对话，看他们对团队的所作所为是否认可，团队变革转型的价值是否得到了他们的承认和接受。如果答案是肯定的，团队对利益相关者的影响力就会提升，反之就会受到批评甚至被抛弃。

仅仅做出成绩并不是团队变革转型的终点，还需要对这几个过程进行复盘和总结。一方面看团队是否完成了事先的规划，在这个过程中收获的经验教训或者成绩是什么；另一方面还需要把这些宝贵的经验整理和固化，这样团队就能在更高的层面上运营，面对新的挑战也会更加游刃有余。

在整个变革转型的过程中还需要时刻保持高度的警惕性，防止团队冲浪时可能出现的各种危机和挑战所造成的负面影响，同时对开始变革前的成绩和经验给予认可和肯定，让大家打消顾虑（如图8-1下方的旋涡与暗涌），轻装上阵，以保证团队发展的长治久安。

到此，整个团队就完成了变革转型的一个完整循环。有专家说：这个世界唯一不变的就是变化。团队这时候需要做的就是整装待发，重新迎接新的挑战。

我相信每个人都会经历一些惊涛骇浪。大家回顾一下自己以前每一个变革转型的过程，看看是否符合这个变革循环的规律？

◑ **案例**

以我们公司的团队为例，作为董事长，其实四年前我就已经觉得根据未来公司培训业务发展的趋势，需要开发线上课程并进行网络化推广，所以在那时候我就购买了一套线上学院运营的软件，并安排专人负责。但是当时团队的小伙伴们都觉得线下的国际课和国内课都挺红火，所以只把线上学院当作一个图书馆，只用来储存各种线下活动的录像，并没有真正开发线上课程。2020年年初，突如其来的新冠肺炎大暴发，一下子公司赖以生存的国际和国内线下课程全部被迫取消，而且重启看起来遥遥无期。这时，面对改变还是死亡这个选择题，公司一方面承诺疫情期间不降工资，不让任何员工离职，大家也纷纷克服畏难情绪，承诺愿意晚上加班开展直播课；另一方面公司集中全部精力，根据客户调查的结果首先开发了一门线上直播课程，并收到了良好的效果。这时，我们又根据标准化程度高低和利润多少全面梳理了原来的课程体系，并重新进行组合和设计，还邀请直播大咖给大家讲解如何做好线上课程。陆续直播并录制了上百个线上视频课程，一下子让线上学院的内容丰富起来。比如，大家给客户介绍公司时安排客户观看线上统一的视频介绍，节省了不少精力和时间。尝到第一波甜头后，大家随后还召集线上学员一起收集反馈，不断迭代线上课程的形式和内容。客户报名课程的款项源源不断涌来，大家都开心不已。经过一年的摸索、尝试和总结，大家提炼出线上课程的一些运作经验，从2022年开始，把公司经典的线下国际大师课程和论坛也搬到了线上，参加学员人数还有了数倍的增长，终于让公司在一波三折的疫情风暴中度过了生存危机。在这个过程中，大家都认识到必须把公司的数字化转型作为业务拓展的重头戏来对待。同时由于在这一期间团队积累总结了不少应对危机转型的经验，对未来业务的不断创新升级充满了信心。

## 04

第四篇

# 实践出真知
## 案例分析

实践是检验真理的唯一标准。

在本篇中，我们选取几个个人与团队教练的实际案例分享给大家，以便让企业领导者学习完上面几篇之后，领略一下真正的教练场景是什么样子的。

我们选取的案例一至案例三是关于教练型领导者在工作场景中一对一的教练对话记录。案例四至案例八是我们根据企业的不同背景和要求，选取的具有代表性的团队教练记录。这些案例都是根据加瓦专业教练完成的案例整理编写的，应用的都是本书中介绍的工具，对教练型领导者颇有借鉴意义。

在企业或组织中，针对员工的个人教练一般分为两大类，一类是员工希望厘清对某一种方向或事物的认识，需要教练型领导者支持被教练的员工从不同的角度和深度对此进行了解和观察，产生更深刻的洞见和更有效的改变方案；另一类是从不同的方向或类型中做出选择，即教练型领导者支持员工觉察其内在的价值观和信念系统，使其从若干个选择项中找出最符合自己内在需要的那一项。

为方便起见，案例中的领导者都是教练的角色，下属都是被教练者的角色。为了让大家更好地理解这个过程，在括号中我们额外加上去一些注解或点评。当然，这些记录对企业外部教练和内部教练也都具有参考价值。

团队教练在企业中会面对各种不同类型的团队，如管理团队、职能团队（销售、产品、运营等职能部门）、项目团队、虚拟团队，而不同类型的团队会有特定的团队教练需求。加瓦企业教练针对企业中各种团队教练需求，在实际的教练项目中总结出六大团队教练项目主题。这六大主题的目标分别对应了如何打造交付力、执行力、凝聚力、影响力和学习力这五种组织驱动力。针对组织中不同类型的团队，团队教练会对不同的项目主题有所侧重。加瓦企业教练项目的六大主题具体如下。

1）战略共识：该主题的目标是打造能够满足组织内外部利益相关者的交付力。主要内容包括对企业的利益相关者（如客户、董事会、合作伙伴等）进行分析并明确其诉求与期望；董事会和企业高管团队共同创建组织的使命、设计业务战略及组织变革的目标与路径。

2）愿景共创：该主题的目标是打造组织内部的执行力。主要内容包括帮助高管团队与组织各部门或项目团队在组织的使命和愿景上达成共识，提出团队核心价值观及行为规范。

3）目标执行：该主题的目标同样是打造组织内部的执行力。主要内容包括将战略目标进行分解，在组织内部建立目标管理体系和关键绩效指标；以目标为导向，对组织架构、流程进行设计与调整；明确行动计划、角色与责任。

4）团队协作：该主题的目标是打造组织内部的凝聚力。主要内容包括激发改变意愿，促进组织的人际沟通；开展匹配组织特点的团队文化建设；探索深层团队动力，激发团队活力，形成群策群力的团队文化。

5）领导变革：该主题的目标是打造组织对外部利益相关者的影响力。主要内容包括促进与组织外部利益相关者的对话与互动，以建立紧密合作关系；联结外部利益相关者，为团队发展整合资源；打造管理团队的领导力,引领组织变革,扩大组织影响力。

6)复盘迭代:该主题的目标是打造组织整体的学习力。主要内容包括提升组织的经验萃取能力,实现敏捷迭代;对交付力、执行力、凝聚力和影响力进行整合,形成双循环学习模式。

加瓦企业教练项目在实施时将根据企业中被教练团队的特点和现实需求,对六大项目主题或模块进行选取和定制化设计。在项目实施过程中,会将团队咨询、诊断与测评、团队工作坊、线下与线上辅导结合起来,从而促进企业长期的变革与发展。

| CASE 1 | 案例一

# 解决高管对流言蜚语的困惑

## 案例背景

某公司张总（教练）与下属一位项目负责人李经理（被教练者）进行的教练式对话，针对的是如何解决李经理的一个烦恼。虽然没有刻板地完全按步骤套用加瓦教练模型，但仍然可以看出对话的整个架构背后应用加瓦教练模型的影子，尤其是很充分地应用了视觉化这一点。

## 教练对话过程

**被教练者**：张总，我想给您反映一下现在项目进展的情况。上一次出现问题后，我们及时进行了总结和调整，现在我的团队正在加班加点赶进度，我相信这周末就能赶上原计划的进度。但这两天我听到一些风言风语，说我们没有金刚钻还硬要揽这个瓷器活，只想在公司出风头。小伙伴们听了都很沮丧，我也很愤怒。我想是不是您召集几位老总开个会，我专门解释一下。

**教练**：小李，你这个环节是整个项目的关键，也是最难啃的骨头，我们都很欣赏你勇挑重担的勇气。在这个创新的过程中出现一些问题也很正常。你刚才说因为近期听到了一些人议论你们的八卦消息，就感觉很郁闷、很委屈，是吗？

（教练回顾了被教练者的情绪，展示教练的同理心，同时让被教练者感觉教练很理解自己。在教练过程中，重复对方的关键词或关键句，是启发对方反思和深入思考的常用方式。）

**被教练者**：是啊，他们凭什么啊？我们为了公司这个项目拼死拼活地干，他们闲着不去干好自己的事情，还在旁边讲风凉话。

**教练**：那么你想开这个会议，希望达到什么目的呢？

（教练并没有直接让被教练者停止抱怨，而是先让他发泄一下，并沿着他的思路继续下去，看最终是否能达到效果和目的。）

**被教练者**：我希望大家都能够理解我们、支持我们。

**教练**：我们可以想象一下，假如我们开了这个会，你给大家做了解释，大家就会都支持你，就不说风凉话了吗？

**被教练者**：呃……好像也不会，那些原先有意见的人肯定扭转不过来，还可能会激化矛盾。我知道，如果不是项目一开始就得到您的大力支持，我提出的解决方案当时不一定能够通过。

**教练**：那么你觉得到什么时候大家才不会说风凉话了呢？

**被教练者**：看来只有我们把项目按时保量地完成，才是最好的回答。

（教练的问题让被教练者找到了解决问题的方向。）

**教练：** 当然如此。你刚才说周末就能赶上原先计划的进度，假如我们按计划在本季度末完成了这个项目，那时候会是个什么场景？

（这几句中，教练用目标达成后的视觉化场景来激励被教练者。）

**被教练者：** 那当然太好了，我们因此填补了国内的一项空白，很多老客户都在等着我们出结果呢，我们公司又可以引领行业了……

**教练：** 那你的团队小伙伴们会感觉怎么样？

**被教练者：** 大家当然开心死了，这三个月的苦没有白吃，我们团队是最棒的、最能打硬仗的。这个研究方向很有前途，很多其他团队的小伙伴们都争着过来一起干呢！

**教练：** 那时候大家会怎么看待你们这个团队呢？

**被教练者：** 大家都会说，这个团队能创新、能打硬仗、能干事、成果多，很棒！

**教练：** 好，培养不断创新、引领行业、打硬仗的团队，这就是公司提倡的文化。到时候公司会专门开个表彰会，把你们每个人戴上红花的照片挂在公司门口，同时公司会按卓越创新奖大大奖励你们。

（教练又强调了公司的价值观，然后继续描绘视觉化场景。）

**被教练者：** 嘻嘻，小伙伴们现在都憋着一口气埋头苦干，就等着这一天呢！张总，我明白了，与其把精力浪费在既没用又肯定没结果的解释上面，不如把这股劲头放在我们的目标上，保质保量完成目标就是消除这些八卦的最好办法。

（被教练者终于明白应该把关注点聚焦到什么地方。下面是教练对他表示鼓励和支持。）

**教练**：非常同意，这也是你领导力提升的表现，怪不得大家都觉得你很能干、很有前途呢。

**被教练者**：好的，张总，谢谢您一直的关心和支持。我明白了，您就等我们的好消息吧！

**教练**：小李，我相信你和你的团队，庆功会上我一定亲自给你们每一个人颁奖戴红花。需要什么支持也可以随时找我。

**被教练者**：谢谢张总的指点和鼓励，我回去干活了。

**教练**：好，我等着你们的好消息。

（教练过程结束。）

| CASE 2 | 案例二

# 高管岗位变动的选择

## 案例背景

某公司张总作为教练,与下属一位项目负责人李经理(被教练者)进行的教练式对话,针对的是解决李经理的一个选择性的问题,他的这种困惑在工作场景中很常见。

## 教练对话过程

**教练**:李经理,你到公司后干得很不错,积极上进,绩效突出,领导和同事们都颇有好评。领导们经研究,决定让你承担更多的责任,从现在的项目副职转为正职。

**被教练者**:谢谢领导的肯定和栽培,我今后一定更加努力,不辜负大家的期待。

**教练**:现在给你两个工作选择,它们都可以既能运用你现有的专业知识,也能发挥你管理团队的长处，这两个部门也都是公司重点发展的部门。一个是公司现在的新媒体运营部门，主要负责公司业务线的宣传和推广；另一个是京津冀地区的业务团队，需要你巩固并扩大公司在这块区域的业务。

你自己会选择去哪个部门呢？

**被教练者：** 呃，一个是公司内部的市场部门，一个是更为独立的业务部门……

**教练：** 是的，像是一个在朝廷当大臣，另一个是去外面当诸侯。

（这里教练用了一个隐喻，可以让被教练者更快地了解两个岗位的本质区别。）

**被教练者：** 让我先想一想……

**教练：** 我可以给你几个问题来帮助你整理一下思路。如果你去了市场部门，你会获得什么？会失去什么？如果你去了业务部门，你会获得什么？又会失去什么？想想这些问题，可能你就会有更为清晰的答案。

（教练给出了一个思考的方法，有助于被教练者更清晰地得到真实的答案。）

**被教练者：** 当大臣可以和领导们在一起，眼界会更高更宽广，相对来讲业务压力也不很大，生活也会更稳定一些，只是不太落地，没有一线市场的残酷竞争；当诸侯直接面对客户，绩效要求高，实践性更强，对自己是一个全面的提升，难处是团队不好带，挑战和压力都会更大，也会因为忙而减少照顾家庭的时间。

**教练：** 你的感觉很对，岗位的变动往往需要重新平衡你的工作和生活。那么针对当前的情况，你觉得去哪个部门对自己的发展更有利呢？

**被教练者**：其实各有利弊。我先想想啊……作为年轻人，我已经在公司待了几年，所以，我更希望学以致用，到一线市场中去打拼一番，看看自己真正的水平如何！有了在一线实战的经验和实力，我以后的路会更宽广，也可以为公司做更大的贡献了。

**教练**：我很欣赏你的想法，年轻时的确需要多摔打、多积累些一线经验，这样打牢了基础，未来的发展将更有前途。公司也希望给你们年轻人的提升多创造机会，早日接班。那么，假如你去主管业务部门，你觉得最大的挑战是什么？

**被教练者**：我觉得待在公司里，有很多领导和同事可以依靠和商量，而在业务部门更需要自己有准确而独立的思考和决策。

**教练**：是的，俗话说"将在外，君命有所不受"，这个位置需要你更加具备准确、独立的思考能力，一方面自己要当机立断地处理一些事情，另一方面也要给我们高层的决策提供一线的真实情况。那这一点你如何来保证呢？

**被教练者**：我想上任时要做好三件事，一是还要靠你们几位领导传帮带，扶上马，送一程；二是遇事多和团队商量，小伙伴们熟悉当地业务，"三个臭皮匠，顶个诸葛亮"，我相信集思广益的力量；三是向几位有这种经验的同事请教，争取早日熟悉并做好这个角色。

**教练**：看来你已经有了应对转型的办法，这几条都很好。如果我补充一条的话，就是要先跟老客户们拉拉关系，他们可是我们的衣食父母。你把几个大客户搞定了，压力就会小很多。这种大局观以后一定要注意培养！

（作为教练型领导者，不仅仅要会提问题，还要适时地给下属一些提醒和指导，提升其系统思考的能力。）

**被教练者：** 这一条真的很重要，谢谢您的提醒，我一定注意。

**教练：** 如果选派一位公司领导作为教练支持你的话，你希望是谁？

**被教练者：** 那可太好了，我希望王总来当我的教练，可以吗？他有很多类似的经历，也非常热心，愿意帮助我们年轻人成长。

**教练：** 好的，就先这么定。我抽时间和王总谈一下。如果你没有其他的意见，下次公司会议就宣布任命了。

**被教练者：** 谢谢领导，我也准备一下。感谢领导们的信任，我一定会全力以赴，把这项工作做好。

（*教练过程结束。*）

| CASE 3 | 案例三

# 高管的领导力发展

## 案例背景

某公司内部资深的人力资源高级总监黄总作为教练，全程应用加瓦教练模型，帮助公司某项目负责人孙总（被教练者）提升领导力的全过程。

注意：本案例是根据现场录音整理而成。在教练的过程中，被教练者在教练邀请下有一些身体姿态的变化，这时候，教练简洁明了且重复地给予被教练者指令，对帮助其理解教练的意图是很重要的，所以，文中对有些重复的指令未加精简。另外，教练为了准确把握被教练者真实的意图或让被教练者确认某些信息，也会经常重复他的某些词句。

## 教练对话过程

**教练**：孙总，我们已经做过几次教练对话了，你反馈说很有收获和价值。现在你准备好开始这次交流了吗？

**被教练者**：前几次教练打开了我内在的一些心结，确实很有用。这段时间我都很开心，对每一次教练也很期待。黄总，我们开始吧！

**教练**：那么今天下午你想谈什么呢？

**被教练者**：因为最近公司的项目越来越多，需要大家一起配合去承担一些任务和管理，所以想请您帮我一起探讨如何提升我的领导力。

**教练**：哦，关于领导力的这个话题。

**被教练者**：对。

（被教练者提出教练主题后，教练让她探索这个主题的内在价值是否够大。）

**教练**：探讨这个话题对你很有意义吗？

**被教练者**：对，无论是为了现阶段我在项目管理中团队的配合，还是为了以后的事业发展，我都想努力提升一下自己的领导力。因此，学习领导力其实是一个必然的趋势，或者说领导力是我必须具备的技能。

**教练**：看来你对这方面还是蛮有期待的。

**被教练者**：对。

（被教练者认可这个教练主题后，教练开始对她的领导力进行测评，让被教练者根据测评的结果，自己找到差距和突破口。）

**教练**：我手边有一个关于领导力的平衡轮（见图C3-1），它来自库泽斯和波斯纳提出的领导力模型，其中包括了10项领导力的行为。现在，请你用这个平衡轮给自己在每个行为中的满意度打打分，这10项行为列在平衡轮不同的区域里面。平衡轮中最中间是 1 分,如果你对这一项一点都不满意就打 1 分;最外边是 10 分,代表在这一项当中,你感觉自己表现得非常卓越。下面你就在平衡轮里,根据这 10 个方面,给自己每个领域打一个分值,并且画一个弧线,然后把这个分数的分值标在上面,OK 吗?注意,打分的高低仅仅与你自己对自己的领导力满意度有关,与其他方面毫无关系。

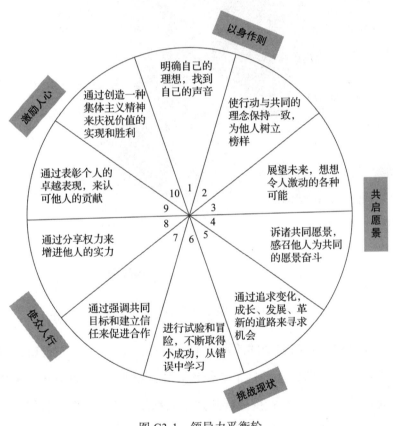

图 C3-1　领导力平衡轮

**被教练者:** 这是刚刚我根据自己的理解,在每个区域打的一个分数(见图 C3-2)。

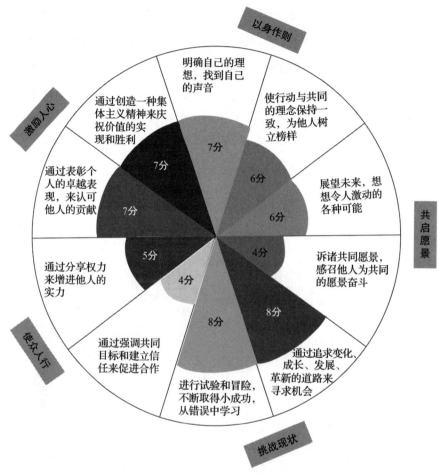

图 C3-2　领导力实际打分结果

**教练：** 挺漂亮的，有高有低的。那我们看到在第 1、2 方面，也就是以身作则这个方面，你分别给自己打了 7 分和 6 分；第 3、4 方面是共启愿景，这两个区间打了 6 分和 4 分；挑战现状这方面都打了 8 分，都还蛮好的；使众人行这一方面分别打了 4 分和 5 分；激励人心这方面，两个都是 7 分。

从这个图中，你能不能找出一个关键方面，如果你在这个方面开始着手改变的话，能帮助其他方面都有一个提升，你觉得是哪个？

**被教练者：** 您问我这个问题的时候，我第一眼看到的其实是使众人行这个方面。我的整个平衡轮里面，使众人行和共启愿景这两方面的分数都低一些，但是我觉得使众人行方面如果能有很好的提升的话，也可以激发共同愿景。

**教练：** 这两个方面有两种行为，你具体想讨论哪一类？一个是通过强调共同目标和建立信任来促进合作，一个是通过分享权力来增进他人的实力，你觉得哪一方面是最重要的，第一步就要开始提升的呢？

**被教练者：** 我觉得是通过分享权力来增进他人的实力。

（当被教练者在这部分找到突破口后，也就产生了这次的教练合约，即这次谈话的核心主题。被教练者的现状是 5 分，然后，教练让她就此主题制定一个目标。）

**教练：** 我们大概有二三十分钟的教练时间，你觉得现在自己在这方面是 5 分，那么当这段时间结束时，你觉得这方面能达到几分就满意了。

**被教练者：** 我觉得如果能够达到 8 分，我就很满意了。

**教练：** 8 分。现状是 5 分。你希望我们二三十分钟以后教练结束时，这方面达到 8 分你就觉得满意了，是这样吗？

**被教练者：** 对，是这样的。

（被教练者制定目标以后，教练就以此目标为终点，让她详细地对目标进行视觉化，并进入这个画面感受。）

**教练：** 那请你往前面看一下，假如前面是一个电影画面，我们设想一下，那个画面是你达到 8 分以后的样子，你能看到什么，你自己和团队伙伴是什么样子。像电影一样给我描绘一下，你穿着什么？在做什么？神情是什么？周围有什么人？有什么声音？总之就是，当那个画面出来时，你就会觉得：啊，这就是 8 分的样子。

**被教练者**：其实首先映入我眼帘的就是自己的形象，是一个很时尚的职业女性，很有职业感。我在办公室当中穿着套装，挎着那种很商务的白色包包，穿着高跟鞋，正在给团队的小伙伴分享我们新介入的一个国际项目。这个项目是需要团队 5 个小伙伴一起来共同担责的。在这个画面当中，我正在比较轻松地分享这个项目，讲述它的目标是什么？参加会议的 5 个伙伴，正在探讨怎样一起共创这个项目的流程和方式，怎么去服务好我们的客户。在这个过程当中，团队的小伙伴们积极向上，踊跃发言，从表情当中就可以看出来，他们很愿意投入到这个项目当中。

**教练**：你说的是让大家一起集思广益。

**被教练者**：对，大家积极主动地在一起研究对策。

**教练**：你通过分享这种权力，让大家都动起来，共同去完成这个项目。

**被教练者**：是的，充分地信任大家，大家每个人负责不同的板块。

**教练**：同时也增进了他们的实力。

**被教练者**：对。

**教练**：那你再去想象一下这个画面，当你觉得这个画面非常清晰地映入眼帘的时候，可以点头示意我一下。OK，现在你就像一台照相机一样，把最精彩、最嗨、感觉最好的那个画面拍下来，然后暂停到那里。

现在我邀请你做一个小小的游戏，你就假如现在进入了那个画面，周围都是小伙伴跟你在一起开着会，你进去了吗？假如那一刻现在就实现了。

**被教练者**：我觉得现在很激动，感觉有点兴奋。

（当被教练者对目标的实现有体感后，教练继续分层次一步一步地深入发掘她实现目标的内在动力，即探索她的核心价值观。）

**教练**：就是这个样子。好，现在的场景是你的 8 分已经实现了，这对你的人生有什么价值呢？

**被教练者**：我觉得第一重要的就是信任，要信任身边的伙伴，相信大家可以以目标为导向，积极努力为我们团队去创造价值，为客户去创造价值。第二，我觉得是共进，就是在这个氛围当中，我们可以充分吸引身边的伙伴，这样整个团队展现出来的就是大家一起努力，共同前进。

**教练**：你分享了自己的权力，然后大家就更加相互信任，共同前进。对吧？OK，你拥有了这些东西，对你的生命又有什么更深的价值呢？

**被教练者**：对我的生命呀……我觉得可以从事业和家庭两个角度来讲，都会有很高的价值。在事业当中，如果我给团队伙伴分享权力，我觉得伙伴们内心是会被激发的，大家会共同实现自己和团队的价值，我觉得是一件很棒的事情。

**教练**：对你来讲是一个很棒的事情。那这个"棒"的后面，又有什么更深的意义呢？

**被教练者**：我觉得自己会特别有成就感。一方面对一个团队管理者来讲，是那种作为高层的成就感；另一方面是可以服务和支持到合作伙伴的那种成就感，这让人挺开心的。

**教练**：我看到刚才你说有成就感的时候，这种很激动、很开心的状态，看来你对自己的成就感还是有蛮高的追求。OK，假如你有了成就感，你还可以带来什么更大的价值呢？问问自己的内心。

**被教练者**：我脑子里出现的第一个词是助人。

**教练**：助人……

**被教练者**：我觉得可以支持到他人。

**教练**：这时，你就会成为什么人呢？

**被教练者**：我觉得自己的那种丰满感会更强。

**教练**：人生的丰满？

**被教练者**：对，人生的丰满，并且你内心会更加充实，有那种很敦实的感觉，内心强大，其实助人也是助己。

**教练**：看出来这个词给你带来了很深层的感觉。刚才你还提到了一个家庭的角度。

**被教练者**：对。如果说对家庭的话，我觉得其实家也是可以管理的：无论是家庭的关系，还是家庭的富足感，都可以通过这样的方式来满足。因为我觉得无论是夫妻关系还是亲子关系，如果你去分享自己的权力，我觉得家庭也会是一片和谐安详。

**教练**：同样都是一种富足感。

**被教练者**：对。

（俗话说：烦恼即菩提。在对被教练者进行正向价值探索后，教练开始进行反向价值探索，从她的恐惧担忧方面再进行深入的觉察。）

**教练**：非常好！从 5 分到现在的 8 分，我们再看看这个过程当中，你有什么恐惧或者担忧的吗？

**被教练者：** 我觉得改变的最大阻碍，还是来自内心的那种不信任感。

**教练：** 对什么的不信任？对身边伙伴的不信任感？

**被教练者：** 对。比如说我要分配权力，那就意味着这件事情我要交给他做，可能我自己花 5 分钟就完成了，我教他就得花半个小时。在这个时候，因为不信任他，我就不太愿意把任务分享给他，避免给自己带来麻烦。

**教练：** 你觉得自己做得更快。

**被教练者：** 对，我自己做当然更快。

**教练：** 假如自己做得更快，你一直这样做下去，那么多个项目涌来的时候，你会怎么办呢？

**被教练者：** 嗯，我回想起来两年前的时候，当时我把所有的事情都压在我这里，不会去调配资源，也不信任伙伴们，急得自己脖子上都起红色的疹子，状态特别不好，感觉特别难受，并且公司项目的进度也受到了很大的影响。

**教练：** 那你再思考一下，你对小伙伴的不信任感，背后到底是一个什么样的想法？

**被教练者：** 我觉得这背后可能是我给他们贴了一个标签，就是他们做的达不到我想要的效果，他们肯定不行。

**教练：** 你曾经也是员工，你在成长过程当中，是不是以前你的老大也会这样呢？

**被教练者：** 我想一想啊。

**教练：** 来，咱们先放松一下，你再深入探索一下，这种不信任感到底是对谁不信任？

**被教练者：** 您这么问的话，我突然有了一个深入的觉察。我发现这其实是来自自己内心对结果的把控没有信心。如果不能把控，我就会觉得这个事情无法按照自己的既定计划呈现出来。我回想起来我之前的领导者，他们当时还都挺放手支持我不断尝试的。

**教练：** 那如果当时的领导者也比你快，但是他为啥自己放下把任务交给你做呢？现在你也成为领导了，却不敢放手，你刚才说是因为恐惧自己丧失把控感。

**被教练者：** 您说到这里，我其实有点汗颜……这一路过来，每一位领导对我都还蛮信任的。有很多时候手把手地教，一个字一个字地改，现在一想，我发现当时确实是他们一步步地教我的。

**教练：** 那你现在知道了这一点，你想怎么去突破它呢？

**被教练者：** 我觉得先从撕掉标签开始。所有的人都会有一个成长的过程。给别人机会，其实也是给自己机会。

**教练：** 给别人机会其实也是给自己机会。我觉得认识到这一点还蛮深入的。

**被教练者：** 是，有了一个很深的觉察，以前真的是没意识到。

**教练：** 所以你应该像以前的领导者一样，对不对？对伙伴们充满信心，手把手地教，同时你也去把控住结果。分配更多的权力给大家，大家干劲就会更高，那你就能做更大的事。所以信任感首先来自对你自己能把控结果的信任感。

**被教练者：** 仔细想想，还真是这样呢！

（人的行为是自己内在信念和思维的外在表现，这种思维模式和信念是在成长经历中积累而成，也是相对固定的。如果被教练者对工作不愿意放手，对自己的把控力没有自信，那么，她在生活的其他方面也会如此。为了让被教练者更深入地觉察和提升，作为资深教练并有心理学功底的黄总开始进一步挑战被教练者。）

**教练：** 我们可以顺着这个话题再进一步探索吗？这样对你有一些挑战，如果有更深刻的觉察，也可能会产生意想不到的洞见。当然，如果你感到不舒服，我们随时可以停止。

**被教练者：** 您放心问吧，我打心眼里信任您。只要是能学习和进步，我很愿意去挑战一下自己不知道的领域。

**教练：** 好的。那么请你回顾一下自己的成长经历，这种对自己不信任的想法是怎么来的呢？

**被教练者：** 这个嘛……让我好好想想啊！

**教练：** 来，做几次深呼吸放松一下……这种对自己不信任的想法和感受是从哪里来的？

**被教练者：** 我觉得这种感觉从小就有了，小时候不管我干什么，妈妈总是觉得我都干不好，总是批评我这个、批评我那个，即使考了满分，也只会说怎么上次考了 99 分，怎么邻居家的同学次次都考了满分。我从小都觉得自己不完美，在妈妈的眼里没有价值，更怕妈妈抛弃我。所以长大我非常努力，任何事情都要争第一，有一点差错就会让我痛苦不堪，一直压力非常大！

**教练：** 是这样子啊！我看到很多优秀的女经理都有这样的成长经历。那么，这种情况是否也会影响你生活的其他方面呢？

**被教练者：** 影响很大的！我老公就经常说我干嘛这么苦哈哈的，孩子说我干嘛什么事都这么吹毛求疵，闺蜜笑话我年纪轻轻却看起来像个老大妈，我也觉得自己很难受。

**教练：** 我很理解你现在的心情，我也很佩服你有勇气和我分享这些信息。我也有过类似的经历，所以我觉得这样的探索能够支持到你，让你以后释放出更大的能量。

**被教练者：** 谢谢您！我觉得有点血淋淋的，不过说出来更爽。

**教练：** 是的，能够分享这些就说明你有超越这个困境的勇气。不过这样已经很深入了，这也并不是一次教练对话就能够完全解决的，但是肯定是一个很好的起点。

**被教练者：** 是的是的，当我能够说出来，我就感到轻松了很多。这种轻松对我来讲太难得了。

**教练：** 好，我看到你有很强的反思和学习进步的能力，而且我相信这种轻松不仅对你的工作，对你的家庭和朋友关系都会产生积极的影响。

**被教练者：** 是的，如果我放松下来了，也就不会总是对别人吹毛求疵了，自己和团队伙伴们都不会紧张兮兮了，老公、孩子还有朋友们肯定都会很开心。以前绷得太紧了，就像在寒风凛冽的冬天里，土地都被冻上了，现在好像春风拂面，万物都发芽了，绿油油的，太舒服、太漂亮了！

**教练：** 来，再总结一下你在这个过程中的洞见。

**被教练者：** 很深刻的觉察，我觉得自己要更包容一些，包括对自己和所有的人，给生命一些空间，给每个人通过失败而体验和成长的机会，这样才能让生命更好地绽放。

**教练：**你刚才用了一个很棒的隐喻"春风拂过、万物发芽"，也有了这么深刻的洞见和总结，那么我邀请你停下来，进入这个美好的境界，并且把这个境界拍成一幅照片留在自己脑海里，当你不信任自己和别人时，就看看这张照片，好吗？

**被教练者：**太好了，我来拍一下……好了，这张照片很珍贵，我记住您的话了，什么时候有问题，我就从脑海里拿出这张照片看一看。

（上面这一段，被教练者在教练型领导者黄总的启发下进行了深入的反思，也对自己的改变有了非常美好的展望。下面这一步是教练对被教练者的改变动力进行一次阶段性评估，以探索她改变的意愿到底有多强、有多大。在教练过程中教练会经常使用这种评估方法来对被教练者进行测试。）

**教练：**好，我们回来，再关注原先的领导力话题。那么刚才目标有了，我们也看到了那个画面，非常令人激动，然后我们也和你的生命、工作和家庭做了一个连接，它是非常有意义的，那么你现在评估一下，你实现这种绽放状态的动力，从 1 分到 10 分的话能打到几分？

**被教练者：**我觉得动力有 9 分。

**教练：**有 9 分，为什么呢？

**被教练者：**对，因为领导力这个词对我特别有吸引力，如果说这一项可以突破的话，我觉得是迈出了很大、很大的一步。

**教练：**你说动力有 9 分，那么剩余的 1 分是什么？

**被教练者**：是因为除了我能想到的事情之外，在领导岗位上的一些不确定性，其实我是未知的。

**教练**：你说是外界的？

**被教练者**：对。

**教练**：那你自身的动力有多少分呢？

**被教练者**：其实动力是自身的，那1分我只是不确定，就是对于一些不知道的事情的不确定性。

**教练**：那说明你自己的动力还是蛮高的。

**被教练者**：对。

（对被教练者的内在动力和价值观探索完成后，教练开始进入设计行动方案的环节。）

**教练**：OK，回头我们看看领导力这方面从5分到8分，你现在是8分这个状态，你考虑一下，刚才5分的你，她做些什么才能达到8分的状态呢？

**被教练者**：我觉得可以从现在开始，完全信任团队每一位小伙伴，分享权力，我们可以一起想办法把控过程。

**教练**：从这一点开始，你觉得达到8分要多长时间？

**被教练者**：我希望是一年的时间。

**教练**：一年的时间。

**被教练者**：对。

**教练：** 一年的时间达到 8 分，那还要做些什么呢？

**被教练者：** 我现在能想到的是第一步，就是从当下这个项目开始。如果是第二步的话，我觉得就是从团队配合的层面向上管理，让我的上级来分享权力，这就相当于用好自己的领导资源。

**教练：** 好的，管理领导也是一个比较大的话题，我们以后专门探讨。因为这一年时间比较长，我就给你留个家庭作业，把你这一年好好规划一下，看如何实现从 5 分到 8 分。下次教练时把规划交给我。

从现在来讲，你能做的第一步是什么？

**被教练者：** 其实刚刚提了一下，我们现在能做的第一步，就是在新项目当中任务分配的时候，我不一定非要把最核心的、最重要的几项任务都压在自己这儿，而要发现同事的优势，充分信任他们，让同事来一起完成这几项任务。

**教练：** 我想说的是，你出门就能做的第一件事情是什么？

**被教练者：** 出门就能做的第一件事情呀？

**教练：** 对呀。

**被教练者：** 一下子还真不知道……我现在可以做的一件事情就是撕掉自己内心的标签，开始相信身边的伙伴。

**教练：** 首先从信念上撕掉给别人和自己的标签，敢于把权力分给他人，然后去共同努力、掌控结果。

**被教练者：** 对。

**教练：** 那接下来回到团队后，你要做的第一件事情是什么？

**被教练者：** 说到这个，我自己还有一点点小紧张，就是觉得我要坦诚地跟团队伙伴们一起讲讲，自己之前因为这种不信任，可能给大家造成一些不舒服的感觉。接下来我可以怎么做，怎么去支持到大家，我也希望大家有任何的想法，或者觉得自己被束缚的时候随时来找我聊一聊。

**教练：** 你认为出去以后第一件事情是和团队去沟通一下。

**被教练者：** 对，跟他们去说刚才我反思的东西。承认自己之前的一些错误，然后谈谈未来我们怎么一起做得更好，先从自己开始。

**教练：** 你出门就可以做吗？

**被教练者：** 可以！

**教练：** OK，非常好。刚才我给你留了家庭作业，做一年的规划。那么，你去想想这种变化对你来讲最大的障碍是什么？

**被教练者：** 最大的障碍？假如结果不好，自己内心会出现的那种恐惧和焦躁就是最大的障碍吧。

**教练：** 假如这个问题出现了，你会采取什么样的措施？

**被教练者：** 我想避免这种问题发生，我们一定要做的就是把握住过程。

（到此整个教练对话进入收尾总结阶段。总结时让被教练者发现教练对话的价值，这样教练可以评估这次教练对话的效果，同时对被教练者的完美表现给予鼓励和嘉许，并对下一次教练对话有所安排。）

**教练：** 蛮好的。那么我们教练的时间基本上就结束了。回想这几十分钟的时间，你觉得对你最大的价值是什么？

**被教练者**：我觉得最大的价值就是突破了内心的恐惧感，恐惧感有两个，第一个就是自己把控不了结果的这种恐惧，第二个恐惧是不太信任团队伙伴同甘共苦的能力吧。我觉得这两点有了很大的突破，我自己内心也是有点冒冷汗，为什么我之前会这么想？

**教练**：非常好。在整个对话过程中，我看到你对自己有很高的期待和标准，但在给这些小伙伴们放权时有一些恐惧，后来你突破了这种恐惧。关于成长，你对自己是非常高标准、严要求的，你对未来有强烈的画面感，有一种内在的连接。我相信在一年之后，你一定会实现你的梦想，我也相信你跟小伙伴会一起做得更好。

**被教练者**：谢谢黄总，因为您在教练的过程中一直在启发我看到成功时的美好画面，同时也探索了我内心最深层次的恐惧，尤其是在自己把握不了结果时的那种恐惧，让我瞬间发现原来自己的盲点在这儿。我也有了一张春暖花开、生机勃勃的照片，非常感谢您直击内心的问题给我带来的深刻洞见。我相信未来我会像花一样绽放，给自己、给他人带来美好和力量。

**教练**：OK，你的总结很棒！回去后你就开始做家庭作业。下一次交流时，我们再继续探讨，好吗？

**被教练者**：好！好！谢谢黄总。

**教练**：好，我们下次再见。

（教练型领导者黄总与被教练者孙经理的教练对话结束。）

案例四 |CASE 4|

# 某医疗集团战略共识工作坊

本案例主要涉及团队教练的战略共识和愿景共创两个模块内容，目的是打造加瓦团队教练三高五力模型中的交付力和执行力。

## 项目背景

某医疗集团下属从事医疗的子公司（A公司），在2020年面临业绩和行业地位下滑的压力。一位做过医院院长，也是网络上拥有广泛知名度的医疗专家应医疗集团董事会的邀请，刚刚担任A公司的联席CEO。A公司曾经历业务辉煌时刻，如今业绩和行业地位的下滑，使A公司在集团内部倍感压力与失落，独立上市的期望也觉渺茫。此时，联席CEO与集团董事会达成共识，提出了A公司新的2.0战略。联席CEO期望与公司高管团队和公司下属各医院高管团队共同解析新的2.0战略，并共创实施2.0战略的策略与路径。

## 诊断、签约与目标

### 访谈与诊断

团队教练与客户进行访谈，对 A 公司背景情况及团队相关领导的需求进行诊断。在此团队教练需要做好三个方面的工作：一是关注到团队各方面利益相关者（集团董事会、联席 CEO、客户、高管团队）的诉求；二是结构化与非结构化访谈结合，通过结构化访谈搜集组织系统、全面的信息，通过非结构化访谈深入挖掘关键利益相关者（联席 CEO）的深层需求和痛点；三是保持团队教练的心态与视角，团队教练需要用接纳的心态去直面组织内部的真实挑战，团队教练也需要从组织系统的整体去诊断和解决问题，而不是只关注一点。

经过对工作坊利益相关者的访谈后，教练发现该项目有较为复杂的客户诉求，如表 C4-1 所示。

表 C4-1　复杂的客户诉求清单

| 利益相关人 | 需求调研 | 关注价值 |
| --- | --- | --- |
| 联席 CEO | • 需要团队对董事会的 2.0 战略达成真正共识，关心落实战略的组织能力建设<br>• 担心团队中年龄大的成员认知水平不够，对董事会的 2.0 战略达不成共识<br>• 担心引导过程会走过场、跑题或因团队不能对战略达成共识而产生挫败感 | • 共识战略<br>• 组织能力<br>• 完善的工作坊设计方案 |
| 董事会 | • 希望团队能够共创出董事会已经确定的 2.0 战略，希望团队能够平等分享观点，战略能够获得共识并落地执行<br>• 非常重视此次战略共识会，担心教练能否顺利引导 | • 共识战略<br>• 战略落地执行<br>• 完善的培训方案 |
| 公司 CEO | • 联席 CEO 第一次亮相，让联席 CEO 多讲讲 | • 联席 CEO 的融入 |
| 公司副总经理 | • 实现双向赋能，让新的联席 CEO 看到团队的希望，让团队也看到未来的希望 | • 领导和团队的双向赋能 |
| HR 负责人 | • 团队中有十多位接近 60 岁的管理人员，工作坊强度不要太大，慢一点，要有休息时间 | • 培训顺利进行 |
| 职能负责人 | • 战略研讨多找一些基层代表参与，有利于战略的传递 | • 战略的落地执行 |

（续）

| 利益相关人 | 需求调研 | 关注价值 |
|---|---|---|
| 医院院长 | • 医院需要获得更多软硬件资源才能支持新战略<br>• 担心在战略共识会上说错话，给自己找麻烦 | • 战略落地的配套资源 |

针对客户访谈过程中发现的问题，尤其是重点关注联席 CEO 的诉求和担心，团队教练用加瓦的三高五力模型，对 A 公司利益相关者的诉求进行了明确。在精准把握住组织核心需求的前提下，设计了系统性解决企业战略升级、共识及落地实施的两天工作坊，并梳理出项目合约。

**签约与目标**

团队教练与联席 CEO 确定项目签约后，共同确定了本次工作坊的三大目标：

1）认知升级，即让 A 公司高管团队能够理解集团董事会的 2.0 战略，并在思想上形成集体共识。

2）心智升级，即将 A 公司高管团队的集体心智从战略 1.0 的被动执行者转变为战略 2.0 的主动创变者。

3）能力升级，即让 A 公司高管团队看到外部的压力和自身的差距，并能够化压力为动力，同时要认识到组织能力提升的重要性并激发团队提升能力的内在动力。

**工作坊设计、实施与辅导**

团队教练和联席 CEO 确定的工作坊实施方案，在工作坊的现场进行了一些临时调整和流程的增减。对工作坊的实施细节调整的原因包括：现场需要精准把握联席 CEO 的意图，并与其配合完成工作坊目标；团队教练需要在现场依据团队进程进行即时应变，如出现学员挑战团队教练时；团队教练需要深潜至团队内在进行转化与升华，如对一位女学员泪目分享的深度挖掘。工作坊实施流程如图 C4-1 所示。

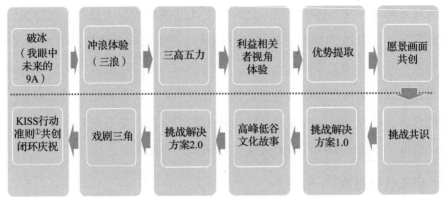

图 C4-1　工作坊实施流程

① KISS 行动准则是组织寻求有效行动落地的方法之一，KISS 是 Keep、Improve、Stop 和 Start 四个英文单词首字母组成的简称，即通过组织内部团队成员共识提出要保持、改进、停止和开始行动的策略。

下面我们对工作坊实施流程的关键点进行一一讲解。

### 组织变革的冲浪体验

加瓦设计的组织变革冲浪模型（参见第八章图 8-1），形象地模拟了组织变革过程。在培训现场，通过学员的实际站位，让大家感知组织发展所处的阶段和面临的挑战，从而激发大家改变的意愿，并制订行动的计划。

### 三高五力模型

为完成 A 公司战略的升级和落地，团队教练引入加瓦的三高五力模型（参见第三篇图 P3-2），介绍打造成高绩效、高赋能及高迭代团队的 5 种力量，即交付力、执行力、凝聚力、影响力和学习力。工作坊现场请团队成员参与对公司的 5 种能力的评估，认识到公司在 5 种能力上的不足。

### 利益相关者视角体验

为了让团队更全面地认识到公司所面对的内外部环境，从而认识到战略升级的必然性，团队教练在工作坊现场使用"空椅子"教练工具设计公司战略的利益相关者视角体验环节。此环节把团队成员分成三组，分别扮演公司的竞争对手、就医的患者和公司自身团队。三组成员跳出自己原本的视角，分别从不同利益相关者的视角出发，讨论公司当前发展阶段存在的问题或所面临的挑战，从而在全员参与讨论的过程中能够让所有团队成员体验和产生危机意识，激发全员的改变意愿，引导出后续执行战略升级和落地所需要的组织能力。在此环节可以请团队成员分享其感受或感动之处。

### 组织优势提取

请各小组根据公司利益相关者的诉求，讨论相对于竞争对手，公司在品牌、文化、团队和运营这四个方面的优势。

### 愿景画面共创

请团队成员分成不同小组，分别代表公司不同的利益相关者（竞争对手、团队自身、患者、家人），对公司的愿景和价值观进行陈述。如：我们是一个×××的团队，通过为客户提供×××的价值或服务，从而实现/创造了×××。

### 高峰低谷故事

请每个团队成员分享其在公司发展历程中所经历的高峰体验和低谷时期，让团队成员能够从过往的高峰、低谷时刻获取能量，让团队成员彼此之间加深情感联结，进而提升团队的凝聚力。

### 戏剧三角

组织进行战略变革时，组织之前固有的行为模式也需要进行调整和改变，这会对组织成员产生挑战。为了让新战略真正得到落地和执行，团队成员需要实现心智转变并引发行为的转化，因此，团队教练设计了"戏剧三角"环节。在此，当团队成员面对公司外部竞争和内部战略转型的挑战时，让大家分别扮演和体验消极的角色（指责者、受害者、拯救者）和积极角色（挑战者、创造者、教练者），通过体验促进了团队从消极被动接受向积极创造的行为模式转变，并在现场开始制订后续行动计划。在帮助团队成员更好地制订行动计划的过程中，团队教练使用了加瓦个人教练的经典六问。加瓦教练六问：你想要达成怎样的目标？你怎么知道目标达成了？这个目标对于你为什么这么重要？你身边重要的人会怎样评价你？如果目标达成了，你会看见怎样的画面？假如向着目标迈进一小步，你现在会采取哪些行动？

## 总结与反馈

针对该项目的成功实施，团队教练总结了以下三个要点：

1）以终为始。团队教练时刻牢记工作坊的目标，用适合现场的教练工具和方法达成与联席 CEO 确定的组织目标。这体现在前期的访谈和签约阶段与联席 CEO 的理解与共识，也体现在工作坊实施过程中的配合与及时调整。

2）激发内在动力。团队教练是直击工作坊参与者内心的唤醒者，而非流于形式的引导者。对团队成员在工作坊中的挑战和情感表达，团队教练要有接纳和包容的心态，同时，也要抓住时机捕捉到团队成员内在的闪光点，萃取其中激发团队动力的情感要素，并使其成为推动工作坊目标完成的动力。团队教练要能够通过适时提问和反馈，唤醒大家的觉察，激发团队的能量。

3）随机应变。团队教练是交付现场的创变者，而非完美方案的实施者。无论是访谈，还是工作坊实施过程中，团队教练都会依据组织的诉求和现场的反馈，对设计环节和工具方法进行灵活调整。但是，其中不变的是团队教练的系统性视角和加瓦教练模型的核心框架，这是团队教练实施项目过程中的锚。

**部分团队成员感悟**

团队成员1:"本次战略共识会以思想流动、共识互通的方式,让2.0的战略新规划在每一位与会人的心中化成强有力的共鸣与共振。奋斗者彼此携手同行,朝着同一个梦想的方向进发,实现集团新的跨越。"

团队成员2:"三天的英雄之旅,快节奏、高强度,却像一块巨大的磁石,吸引每个人忘我地投入与交心。收获满满的同时又感动切切,触动心底最柔软的部分,不是什么豪言壮语,而是自己的故事。"

| CASE 5 | 案例五

# 某电信运营商直属公司 OKR 工作坊

本案例主要涉及团队教练的目标执行和团队协作两个模块内容，目的是打造加瓦团队教练三高五力模型中的执行力和凝聚力。

**项目背景**

某电信运营商直属公司的下辖事业部（B 事业部）为手机用户提供权益型终端保障服务。2019 年初，公司领导对 B 事业部的业绩抱有较大期望，也希望 B 事业部在国企的绩效管理制度上能够有所变革，试点 Google 等互联网公司的 OKR 管理制度。面对外部竞争压力增加，B 事业部在 2019 年的重点工作任务是重构商业模式，构建智慧化客户服务体系和打造更加专业化的团队。B 事业部当前面临的挑战如下。

（1）创新团队绩效管理制度。

B 事业部是公司内部创业团队，其业务模式与电信传统业务有很大不同，组织发展也具有很大的不确定性。同时，团队成员平均年龄 35 岁，对自身的存在感和工作的价值感有很强的需求，但创新动力不足。事业部需要依据团队的业务模式和人员特点进行绩效管理制度的适度创新，以激发团队内在动力。

（2）增强内外部协同工作能力。

随着 B 事业部的快速发展，团队人员持续增加，近两年从公司其他部门转入事业部的员工占比接近一半，内部新老员工需要快速融合，增强协作能力。同时，事业部的外部合作运营方是美国一家具有很强美企特色的公司，需要更快更好地形成融合。而且，为了降低运营成本，事业部与外呼公司（即电话销售公司）建立了外包合作销售模式，提升手机保障部内外部人员的协同工作能力和工作方法，迫在眉睫。

（3）外部竞争压力增大。

B 事业部的业务在国内开始出现强有力的竞争对手。手机终端厂商（如华为、小米）、实体渠道卖场（如苏宁、国美）、电商（如京东、天猫）也陆续推出相关服务。面对竞争对手的崛起，部门需要设立更具挑战性的目标，创新业务发展模式，不断实现自我突破。

（4）成本激励和人员引入的限制。

因公司的部门编制和预算成本有限，工资调节幅度受国企规定制约。B 事业部人员在企业内部时间基本已经超过 10 年，需要从精神层面激发活力，提升部门员工在改革中对于自我成长的认知，激发其内生动力。

**诊断、签约与目标**

针对 B 事业部当前在创新绩效管理制度、增强内外部协同工作能力和创新业务发展等方面的需求，公司领导和事业部经理在前期内部调研和与外部专家研讨后，决定 2019 年初在事业部启动 OKR 工作法的实践落地和团队能力提升的任务。该项任务的主要目标包括三个方面。

1）OKR 管理创新：落实 OKR 管理工具在事业部的试点，加强目标管理意识，对事业部重点目标形成共识，并群策群力达成事业部挑战性的业绩目标，对公司其他部门形成示范效应。

2）提升团队动力：创新团队在资源不完备和组织动态调整的情况下，员工心态和团队动力成为绩效目标落地的重要保障，因此提升团队动力成为员工制定挑战性目标的前提，也是 OKR 工作法更好地在日常工作中得到认真执行的保障。

3）高效执行能力：OKR 的目标和成果的完成需要员工提升执行任务的能力。高效的执行能力从两个方面入手。一是从领导安排我做什么，变成我想去做什么，做什么工作更符合我自身的特点，让员工有更强的自主驱动力。给动力、给活力而不是给压力。二是需要在团队沟通、项目管理和专业知识等方面开展针对性、专业性的辅导，提升专业执行能力。提升员工自身动力和专业化以获得高效执行能力。

针对这三个主要目标，团队教练与事业部设计了 OKR 工作法实践项目四个阶段的实施过程：包括 OKR 咨询与诊断、工作坊设计与实施、OKR 教练与辅导、工具与成果的提炼与总结，如图 C5-1 所示。

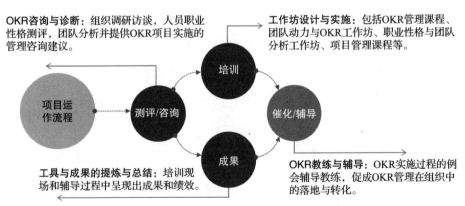

图 C5-1　OKR 工作法实践项目的四个阶段

## 项目实施与教练辅导

### OKR 咨询与诊断

调研诊断部分：对部门经理及该项目主管人员、组长和员工开展访谈，完成对部门人员现状、工作职责和面对挑战的深入了解。

咨询部分：根据调研情况，联合外部专家力量为本次 OKR 工作法实践落地提供管理咨询建议，对 OKR 工作法落地以及团队能力的提升工作进行总体设计、制订具体实施工作计划并提供匹配的实施能力保障（包括相关培训师、咨询师、教练辅导顾问等）。

### 工作坊设计与实施

经过第一阶段的调研、诊断和咨询工作后，部门针对 OKR 工作法、团队动力以及团队执行能力这三个方面的需求进行定制化培训课程设计和实施，课程设计如下。

- OKR 工作法课程：OKR 管理特点及与 MBO、KPI 的区别；OKR 在组织中实施的难点与关键要素；OKR 实施流程介绍与表格工具；OKR 案例介绍及事业部 OKR 实战训练。

- 团队动力与 OKR 工作坊课程：通过引导，明确个人的使命和目标；通过互动关系分析了解自身在沟通模式、心理地位和发展障碍等六个方面的特质；从六个方面分析现状，设定目标，使人们在工作、生活各方面的目标明确且互相平衡；掌握团队协同障碍的评估方法，进行现场评估和优化。

- 团队执行能力咨询与培训：团队在制定目标（O）和关键成果（KR）后，就涉及每个人如何高效地完成具体工作任务以实现关键成果并达成目标。针对部门日常运营工作中涉及大量与外部合作方的项目协调和沟通的工作特点，对全员设计和开展项目管理。

- 职业性格测评与咨询：包括个人和团队两个部分。个人测评报告与咨询：采用的测评工具是大五人格测评。大五人格测评通过评估与工作相关的关键性格特质，了解个体的行为、思考和情绪感知的风格，有效预测个体的能力表现。团队测评报告与咨询：根据全体员工的测评结果，对团队整体性格分布情况、偏好与风险进行评估；提供团队工作分析报告，识别团队的优势与不足。根据测评结果，分析团队整体能力，并为高绩效的团队能力发展提供建议。

**OKR 教练与辅导**

OKR 落地实施计划持续时间为半年，具体内容涉及周例会（周一计划会与周五总结会）、月度例会、季度审视会议、半年总结与评估会。

- 周例会：周例会包括周一计划会和周五总结会。周例会的主要目的：评估工作进度；在问题爆发前识别潜在风险并采取措施；将 OKR 工作法集成到日常的管理工作习惯中，培养 OKR 的组织文化；确保团队持续聚焦组织重要目标。周例会的要求：重点是放在分享信息和促成有价值的问题讨论；会前充分准备（人员、时间、重要问题等）；明确达成 OKR 的工作任务优先级；评估团队状态和信心；鼓励积极面对问题，激发员工创造性思考。
- 月度例会：月度例会主要目的是对一个月 OKR 的任务执行情况和困难进行复盘。主要内容是部门及各组 OKR 回顾。
- OKR 季度审视会议：OKR 季度审视会议重点内容包括审视和评估目标和代表目标实现的关键成果以及评估团队的状态和信心指数。经过三个月工作，外部环境（如：客户需求、供应商问题、公司战略重点等）已经发生变化。某些目标可能变得不切实际，必须放弃；某些目标可能需要提升优先级并确保更多的资源投入，以便达成预期计划；

也可能还有新的目标需要加入 OKR 工作。因此，团队需要在季度审视会议上对 OKR 进行刷新。

- 半年度评估会议：OKR 半年评估会议重点内容包括对 OKR 的完成情况进行一次客观正式的评估，对 OKR 的成功和失败因素进行复盘诊断，对组织执行能力提升情况进行总结。在半年评估会议上，部门内部的每个工作组对其 KR 进行评级和打分，每个组的得分和理由会面向全员公开。会议为每个组提供陈述、问答和讨论时间。每个组不仅陈述 OKR 实现的程度，也要汇报如何达到这种程度及获得的经验。这种会议形式安排不仅能够互相监督目标完成情况，而且为所有团队提供了学习其他团队优秀实践和经验教训的机会。

**工具与成果的提炼与总结**

- PEC-SMART 目标制定模板（见表 C5-1）。

表 C5-1　PEC-SMART 目标制定模板

| 目标 | PEC-SMART 原则 | | | | | | | |
|---|---|---|---|---|---|---|---|---|
| | Positive 正向的 | Ecology 系统平衡性 | Controlled 可控的 | Specific 明确的 | Measurable 可衡量的 | Achievable 可实现的 | Realistic 现实的 | Timed 有时间限制的 |
| | 明确到底想要什么，而非不要什么。 | 对相关各方面都有利的系统平衡。 | 是自己可以掌控的吗？ | 谁？什么？为什么？何时？何地？ | 多少？频率？ | 可以完成吗？ | 可以从现在开始做的吗？ | 何时完成？ |
| 目标 1 | | | | | | | | |
| 目标 2 | | | | | | | | |
| 目标 3 | | | | | | | | |

- OKR 目标管理进度表（见表 C5-2）。

表 C5-2　OKR 目标管理进度表

| 期数 | 目标（O） | 关键成果（KR） | 任务 | 计划完成时间 | 负责人 | 本周工作分解 |
|---|---|---|---|---|---|---|
| | | | | | | |
| | | | | | | |

- OKR 评分表（见表 C5-3）。

表 C5-3　OKR 评分表

| 序号 | 目标 | 关键结果 | 权重 | 目标完成情况自评 | 自评分 | 领导评价 | 领导评分 | OKR 最终评分 |
|---|---|---|---|---|---|---|---|---|
| 1 | | | | | | | | |
| 2 | | | | | | | | |
| 3 | | | | | | | | |

- 周例会 OKR 展示表（见表 C5-4）。

表 C5-4　周例会 OKR 展示表

| OKR 当前状态 | 本周关注的任务 |
|---|---|
| 目标： | P1： |
| 关键结果： | P2： |
| 关键结果： | P3： |
| 状态指标 | 下周工作计划 |
| 团队信心指数： | P1： |
| 服务满意度： | P2： |
| | P3： |

## 总结与反馈

针对 B 事业部 OKR 项目，团队教练对 OKR 变革过程、团队动力提升、团队执行能力培养这三个关键方面进行了总结。

- OKR 管理变革过程：OKR 管理的落地是一个管理变革的过程，员工在行为层面需要一段时间来养成习惯，需要根据企业的实际情况进行合理化调试。OKR 的纵向和横向对齐将涉及业务流程、业务模式和组织架构等方面问题，需要专家的辅导和咨询。该事业部 OKR 实施过程中辅导和例会制度能够保证员工养成 OKR 的工作制度和习惯。在开始执行阶段，员工感觉 OKR 的例会制度增加了日常工作量。经过一段时间的适应，员工感觉工作的目标感增强了，同时，通过 OKR 上墙、OKR 看板、轮值 CEO 等机制，员工的责任心、横向协同工作配合、工作的主动性有显著增强。

- 团队动力提升方面：激发员工动力是 OKR 管理落地的基础，积极主动的心理是挑战性目标制定和顺利完成的保障。基于大五人格测评及团队动力工作坊使内部动力有很大提高。挑战目标的过程，也是应对压力的过程。在 OKR 管理变革过程中，应针对员工心理层面的需求，开展一些关于应对压力、调节情绪等方面的辅导。
- 团队执行能力方面：职业性格测评和团队分析，有助于团队彼此沟通与工作配合，但 OKR 的目标在落地执行中，显现出员工在任务执行能力方面的不足。因此，针对团队在项目管理、创新思维与问题分析解决等基础工作能力方面，开展一些行动学习工作坊。

---

**部分团队成员感悟**

**团队成员 1**："明白了 OKR 及个人成长理论，获得了人生的感悟；人生如戏，自己主导自己人生的剧本。"

**团队成员 2**："深入了解了自己的性格，对自己的优缺点有了更加清晰的认知，工作中会注意自己缺点的部分，尽量避免造成工作上的问题；认识、了解了其他同事的特点，学习了如何与不同类型的人相处；后续进一步剖析了自我，找准适合自己的行事方式。"

| CASE 6 | 案例六

# 某集团公司后备干部领导力工作坊

本案例主要涉及团队教练的团队协作和领导力变革两个模块内容，目的是打造加瓦团队教练三高五力模型中的凝聚力和影响力。

## 项目背景

C公司是一家大型国有集团公司，近三年公司业务规模快速成长，业务涉及建筑、金融、科技等多个领域。C公司的二级和三级公司需要培养有较高领导力的中青年后备干部。本次项目参训团队有39名中青年后备干部，绝大多数是"80后"，也有部分是"90后"。这些后备干部中既有从基层成长起来的业务骨干，也有入职时间不长的清华博士、海归硕士等管理培训生。

## 诊断、签约与目标

在前期的客户调研过程中，团队教练一方面了解C公司集团领导对后备干部领导力培养的目标，一方面到后备干部的内部项目汇报现场，了解青年后备干部的工作状态。通过对这批参训后备干部的访谈，也发现这些参训人员因履历和工作背景的差异，在对管理能力和领导力的认知方面也各有一些差异。C公司选拔出的这批后备干部都是公司各个部门的工作骨干，日常工作辛苦，但干劲比较足。团队教练根据调研情况进行诊断后，与C公司领导共同确定的此次工作坊目标有三点：

1）提升和发展C公司青年后备干部的领导能力，使其真正能在管理岗位有所担当和解决问题！

2）检查青年后备干部和管理培训生的一线锻炼成果，为集团选拔人才提供有效依据。

3）落实C公司攻坚行动计划和执行方案。

## 工作坊设计、实施与辅导

团队教练针对C公司此次工作坊的需求和目标，设计了3天工作坊的内容，分别在系统（企业成长视角）、团队、个人三个层面解构了在团队中如何赋能领导力。工作坊的设计流程及教练工具的应用如表C6-1所示。

表C6-1 工作坊的设计流程及教练工具应用

| 阶段 | 内容模块 | 工具 | 目标 |
| --- | --- | --- | --- |
| 一、系统 | 1. 开场 | 诗歌吟诵 | 放松气氛，将学员状态引入现场 |
| | 2. 领导力画像 | 隐喻、身体雕塑 | 让学员用身体表现自己在当下组织中的领导力状态 |
| | 3. 变革冲浪 | 角色设定与即兴戏剧 | 让学员带入角色体验在组织变革成长过程中的状态 |
| | 4. 领导力沙盘 | 剧本编写与秘密花园 | 让学员感受到在组织系统中面临的挑战 |
| 二、团队 | 5. 教练六问 | 加瓦教练模型 | 系统性了解团队教练工具 |
| | 6. 4D团队 | 天性识别与4D沟通 | 了解团队成员天性，促进团队协作 |
| 三、个人 | 7. 个人模式 | 三脑原理 | 了解心智模式的根源，提升冲突管理能力 |
| | 8. 愿景共创与行动落地 | 逻辑层次与愿景画面 | 运用逻辑层次识别问题根源，促进心智反转，落实行动计划 |
| | 9. 总结复盘 | POY卡① | |

① POY（Point of You）卡：一种用图卡进行教练的方式，详细说明参见本书Ⅵ页的页下注。

### 系统领导力赋能

该阶段，通过带领学员进行领导力画像、组织变革冲浪的角色扮演以及体验领导力沙盘，让学员从组织系统层面体验自己的领导力状态、组织变革的挑战、团队内部的动力、个人在组织中的位置与价值。

（1）领导力画像。

该工具使学员结合两个维度体验自己的领导力状态，一个维度是时间，即过去和未来；一个维度是主体和客体视角，即从我自己和从他人看自己的领导力状态。学员通过身体雕塑，具身化对比体验过去自己眼中的领导力状态和未来从他人视角看到的领导力状态，从而激发领导力状态的转变。

（2）组织变革冲浪。

为学员讲解组织冲浪模型，让学员扮演C公司的关键角色，即后备干部、上级领导、下属员工，呈现组织中不同层级的人在组织变革中的感受和挑战。从而让学员不仅能从自我角度认知和体验到组织变革对自己的挑战，而且能够从组织大系统层面看到组织的领导力变革与挑战，并关注到各层面利益相关者。

（3）领导力沙盘。

团队教练在此环节引入一个领导力变革案例剧本，请学员扮演其中角色，躬身入局体验在组织变革过程中的冲突和问题，现场体验到焦虑、沮丧、无力，以及勇敢、努力和坚持等情绪或行为过程。让学员讨论和总结在解决组织变革冲突和挑战的过程中如何发挥领导力。

### 团队领导力赋能

第一阶段系统领导力赋能阶段，工作坊的设计是让团队从组织系统视角觉察到系统内不同层级、不同角色的挑战、变革的张力和纠结。第二阶段团队领导力赋能阶段，工作坊的设计是带领团队从无法避免的惯性行为模式中跳出，进入虽无法预见却充满各种可能性的创造模式。为实现这种意识扭转并促成行动的发生，教练在此阶段引入教练六问、4D测评和集体共识工具，通过工具的演练也进一步提高了后备干部带团队的领导能力。

（1）教练六问：工作坊让学员演练教练六问，一方面是让学员深入讨论此次培训工作坊的目标、价值、愿景以及后续行动计划，另一方面是通过教练六问工具的演练，提高学员的教练式领导沟通能力。

（2）4D 测评：教练通过对学员进行 4D 测评，让学员了解彼此性格的差异和行为特征，通过 4D 沟通模型演练让大家基于同理心更好地处理组织中的人际冲突。

（3）集体共识讨论：通过学习相关引导工具，让学员演练集体共识讨论，从而让团队进一步对后续行动所面对的最大挑战达成共识。

**个人领导力赋能**

在个人领导力赋能阶段，工作坊设计流程包含了三脑理论学习、管理冲突演练、逻辑层次的自我探寻等步骤。

（1）三脑理论学习：通过三脑理论学习，了解人类大脑的进化过程，了解本能脑、情绪脑与视觉脑的特征以及三脑协同工作的特点，从而使学员了解如何更好地促进个人行动和改变。

（2）管理冲突演练：在管理冲突演练阶段，通过案例角色扮演，使学员关注到事件冲突背后个体风格的差异，使学员体验到管理和解决问题的关键不仅在于提供解决方案，而且更重要的是了解个体内在心理的需求。

（3）逻辑层次的自我探寻：通过故事分享进行逻辑六层次（环境、行为、能力、价值观、身份、系统）的学习，让学员了解如何对问题的根源进行抽丝剥茧，了解在更大的系统或层面寻找解决问题的办法、动力以及意义。

**总结与反馈**

针对 C 公司后备干部领导力赋能项目，团队教练对此次教练工作坊的特别成功之处进行了总结。

（1）共情引领真情，逻辑转化动力。在工作坊现场面对学员的突发情绪，团队教练一方面鼓励大家真实表达，一方面也分享了自己带领加瓦全员克服疫情影响的真实故事。在现身说法过程中，团队教练让学员看到教练工具在此过程中给予的力量。教练分享的自身故事无形中影响了在场的每一位学员，大家不仅从突发事件中获得了反思，而且也看到教练工具、方法和逻辑思维的力量。

（2）领导力的U形之旅。好的领导力、好的团队教练，其内在心智都要走过U形之旅，流程和工具不是最重要的，最关键的是我们内心的力量，共情对方的脆弱，暴露我们的脆弱，用我们这种脆弱中蕴含的力量翻转整个能量！不断穿越，不断通过行动让自己的愿景和身份点亮自己、激励自己，最终让自己从U形底部上升，走出泥潭，让自己活出光的力量，不仅照亮自己，也照亮身边的人！

---

**部分团队成员感悟**

团队成员1："通过逻辑层次的学习，知道了如何层层分析和解决问题。在公司工作中遇到难题，可以从更大的视角和更高的层次去解决遇到的挑战。"

团队成员2："这次学习，使自己在工作中更加能够关注到他人的感受。先处理好人与人之间的关系，才能更好地把事情处理好。"

团队成员3："组织冲浪模型也是个人在组织中的英雄之旅，在团队中管理好自己，才能更好地带动他人一起前行。"

C公司领导："采购这个项目是因为没在市面上找到能够把系统动力囊括进来的领导力课程。这个工作坊不是在'讲'领导力，而是将工作坊变成了日常管理事故现场，让同学们在攻坚克难的真实剧本中将'领导力'活生生地'长'在了自己的身体里！"

案例七　| CASE 7 |

# 某公司领导变革工作坊

本案例主要涉及团队教练的领导变革模块内容，目的是打造加瓦团队教练三高五力模型中的影响力。

## 项目背景

D公司是从事动物营养的外资公司，处于快速变革转型期。与团队教练签订了2年期的变革项目（共由5场不同主题的变革工作坊构成），已经为其交付了"愿景共创与战略共识""战略解码及落地""赋能型变革领导力"3场工作坊，此次为第4场工作坊。此次工作坊的参训对象是D公司东北亚高管团队，包括区域总监、财务经理、区域销售经理、人力资源高级经理、渠道经理、供应链经理、采购总监等。

## 诊断、签约与目标

D公司的高管团队大部分拥有博士学位，偏重理性和逻辑分析，具有较强的批判性思维，这对团队教练赋能工作坊的设计和实施产生了一定挑战。

同时，D 公司的内外部都面临各种不确定性，外部是新冠肺炎疫情的影响，内部是公司新任命的 CEO 调整了公司投资回报率（ROI）指标，同时，占公司业务收入 40% 的产品线被卖掉了，导致高管团队不稳定，大家内心感觉比较疲惫。

在调研访谈中，D 公司的上级亚太区负责人说："D 公司管理团队的大多数领导像做保姆，并没有把真正的领导力发挥出来，这也是我们公司当前的现状，最累的就是领导，这种现状是有问题的。"

因此，团队教练与 D 公司亚太区负责人确定此次工作坊在承接上一场工作坊关键产出的情况下，主要目标有如下两个。

一是让团队将赋能型领导力运用于大客户经营，构建双赢思维，维护老客情，并增加新的渠道伙伴关系，完成年度投资回报率。

二是让参与者学会一套教练式的方法，通过聆听、发问和反馈内化教练型变革领导力的技能，提升赋能型领导力的运用技巧，对外能更好地影响客户，对内能提升组织内部向上和向下的管理能力。

## 工作坊设计、实施与辅导

工作坊设计以加瓦教练模型和三高五力模型为基础，结合"POY 卡""教练六问""逻辑层次""高效问题发生器"和多个真实案例，将一个中心、五项能力和六个步骤应用于赋能型变革领导力的提升。

参考第三篇图 P3-2 三高五力模型，工作坊的全流程设计如表 C7-1 所示。

表 C7-1　工作坊的全流程设计

| 阶段 | 工作坊模块 | 主要目的 |
| --- | --- | --- |
| 1 | 开场设计 | • 团队教练通过与关键学员对话的方式开场，通过温暖而有力量的语言，深度同理和共情，让现场的能量逐渐提升 |
| 2 | 教练六问与反馈 | • 六问：探寻大家对工作坊的期待，为引入加瓦教练模型做铺垫<br>• 反馈：鼓励团队协作中正向表现，反映团队配合中（包括与领导和客户的协作）的问题 |

(续)

| 阶段 | 工作坊模块 | 主要目的 |
|---|---|---|
| 3 | 加瓦教练模型与三高五力模型学习与应用 | • 通过案例分析学习加瓦教练模型<br>• 将加瓦教练模型与三高五力模型，用于 D 公司渠道合作伙伴和大客户的经营合作分析 |
| 4 | 聆听与反馈练习 | • 通过教练的逻辑六层次演练，让高管团队提升与客户、合作伙伴沟通时的聆听与反馈能力 |
| 5 | 提问技术 | • 学习高效问题发生器，在管理沟通中提高精准提问题的能力 |
| 6 | 厘清技术 | • 学习教练对话的六个步骤，提升高管团队针对合作伙伴、客户以及下属的领导力 |
| 7 | 结束设计 | • 使用旋转木马工具总结一天工作坊，为团队进一步赋能 |

### 教练六问与反馈

团队教练设计教练六问来探寻大家对工作坊的期待，也为引入加瓦教练模型做铺垫。在此环节，通过教练的反馈也让团队自己亲身体验到团队配合中存在的问题。教练六问与反馈问题设计如表 C7-2 所示。其中反馈的问题是团队教练针对六问的回答提出的供大家反思的问题。

表 C7-2 教练六问与反馈问题设计

| 序号 | 教练六问 | 反馈 |
|---|---|---|
| 1 | 在这一天的工作坊中我想达到的目标？ | 目标够不够清晰，够不够有意义感？ |
| 2 | 我如何知道我的目标达成了？ | 实现路径是否支撑目标达成？ |
| 3 | 这个目标对我为什么如此重要？ | 目标和内在价值观有没有强联结？ |
| 4 | 如果目标达成了，我会看见怎样的画面？ | 成功画面是否包含其他人，够不够宏伟，有没有更多的细节？ |
| 5 | 我的客户、同事或领导会如何评价我？ | 他人的评价是否具体？ |
| 6 | 如果向着这个目标迈出一小步，我现在会采取哪些行动？ | 一小步是否符合 PEC-SMART 原则，并有承诺？ |

### 加瓦教练模型与三高五力模型

教练在此环节为 D 公司高管团队提供一个真实案例，团队分组扮演不同利益相关方，使用加瓦教练模型对不同利益相关方的利益诉求进行分析与应对，同时，结合三高五力模型让 D 公司高管团队就如何处理好渠道合作伙伴关系和大客户经营进行分析。加瓦教练模型包含以下内容：一个中心（Rapport）是与对方建立亲和信任关系；五项能力是正念、聆听、提问、厘清和反馈的能力；六大步骤是指在对话过程中，支持对方完成开场、目标、体验、价值观、行动和总结这六个阶段。

**教练的逻辑六层次**

为了增强D公司与客户和合作伙伴的沟通能力，团队教练引入教练逻辑六层次工具，让高管团队通过一个夫妻吵架的案例进行角色代入，学习聆听与反馈。通过逻辑层次学会听到别人负面情绪背后的正向意图，根据逻辑层次不同层面的意图进行积极反馈，赋能就出现了，员工和客户内在动力就会被调动。学员进行案例演练之后，再次结合自身日常工作进行逻辑六层次分析，为高管团队改善与客户和合作伙伴的关系带来进一步的启发。逻辑六层次如图C7-1所示。

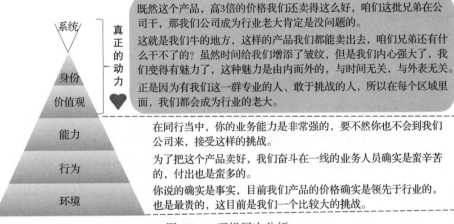

图 C7-1　逻辑层次分析

**三维度高效问题模型**

在此环节，团队教练提供样板案例来讲解三维度高效问题模型。当日常沟通对象出现卡顿状态时，可以运用三维度高效问题模型（参见第四章图4-4），第一个维度是按照逻辑层次，类似6W1H的问题；第二个维度是按照时间轴，即过去、现在和未来的状况来提问；第三个维度是按照相关人员的角色转换（你-我-他）来提问。在应用逻辑层次进行提问时，先要关注当前的问题在逻辑层次的哪一层，提出的问题一定要在更高的层面，才能提升问题的力量感，更能引发思考。好的问题会引发客户的高度共鸣，结合真实案例的提问，就像是照镜子一样，让客户很快链接到真实工作中存在的问题，深度反思，激发动力打破和改变固有的思维模式。

### 厘清问题

在此环节，团队教练带领D公司高管团队整合一天所学，练习聆听、提问、厘清和反馈，运用逻辑层次和高效问题模型，帮客户厘清问题或者挑战，最终找出行动方案。按照教练过程的六个步骤进行，即开场、目标、体验、价值观、行动和总结。在此环节使用翻转课堂，让学员扮演教练，教练团队扮演客户。在高管团队教练他人的过程中，自己的能力被认可，也被赋能，增强了客户后续进行教练实践的信心。

### 旋转木马与欣赏式探寻

团队教练在工作坊结束时，设计旋转木马环节，D公司高管团队与教练团队一起用欣赏式探寻对彼此在工作坊过程中的亮点表现进行肯定和欣赏，为彼此赋能。旋转木马的操作是让参训高管团队和教练团队围成内外圈，外圈与内圈成员一一对应，并针对工作坊的收获进行欣赏式探寻分享。每人分享一分钟后，外圈旋转到下一个人继续做一对一分享，直到旋转一周后结束。欣赏式探寻使得教练团与高管团队成了一个团队，现场能量非常高，所有人都体验到了那种深度联结和一体感，同时也将彼此赋能做到了极致。

## 总结与反馈

在 D 公司成功实施领导变革工作坊后，D 公司又追加针对高管团队的一对一教练项目。针对此次工作坊的成功经验，团队教练总结了以下内容：

- 撬动理性人群的感性大脑。D 公司高管团队中很多人拥有博士学位，理性和逻辑分析能力强，具有批判性思维。团队教练在工作坊实施过程中，通过 POY 卡调动客户视觉、激发感性思维，通过基于事实的反馈，让团队看到问题，通过教练亲身经历的故事学习教练学，应用感性问题对客户进行引导和分析。

- 与利益相关者共舞。在项目进行过程中，团队教练随时牢记要与此次项目核心利益相关者（D 公司东北亚负责人）站在同样的立场进行同频共振。如此次工作坊现场，在六问环节显现出博士高管团队在领导力上存在难以改变的固有模式时，团队教练借该公司东北亚负责人与个别高管领导模式的冲突，抓住契机进行干预，让整个高管团队看到问题所在及改进方向。在此环节，团队教练的操作引起了客户的高度共鸣。

- 关注工作坊现场能量状态。工作坊开始，设计提升能量的互动环节，不仅仅靠工具和表面的形式，还要关注现场变化，用心倾听客户，抓住一切挖掘内在动机，撬动系统，翻转系统，直接反馈，启发客户深度反思和共鸣。

- 反转课堂与双向赋能。在工作坊实施过程中，团队教练设计了反转课堂教学，让 D 公司的高管团队现场使用学习到的教练技术反过来对工作坊的教练进行一对一演练。经过演练，D 公司高管团队更好地学习了如何与其客户、合作伙伴以及下属进行联结、共情，并产生影响。在工作坊结束时，D 公司高管团队与教练团队一起进行的欣赏式探寻使得彼此双向赋能，教练与客户联结为一体，并提出后续的持续服务需求。

**部分团队成员感悟**

团队成员1："对加瓦教练模型的应用有了更深层次的理解，为以后在不同场景的应用打下了良好的基础。尤其是逻辑层次和高效问题模型对我个人启发非常大，汪老师现场教练帮我解决了一个非常大的实际工作问题，让我更有信心迎接接下来的挑战。"

团队成员2："与客户的深度联络，听客户发自肺腑的声音，当他们表达感受到我们的认真负责和用心，同时给他们带来一些启发时，我很受触动，我们可以通过自身的状态去影响客户和赋能客户，通过不断赋能，帮客户创造更多的附加价值，并且对后续项目的延续起了决定性的作用，真的是销售于无形。"

团队成员3："将案例模拟和真实案例进行有效结合，引发客户高度共鸣，环环深入，挖掘内在动机，帮助团队跨越变革，找到撬动系统、翻转系统的契机。"

团队成员4："让我最受启发和最感恩的是晚上的项目复盘环节，本次团战的所有成员都非常积极主动，配合默契，感受到小伙伴们的互相信任和支持，使教练团本身的凝聚力得到提升。"

团队成员5："感受到汪老师的正向赋能，从一次培训会被汪老师吸引，到跟着汪老师学习，到本次参加团战，她充分激发了我们个人的能量，让我们饱含能量地参与整个项目实战。"

| CASE 8 | 案例八

# 某上市公司中层经理系统化复盘工作坊

本案例主要涉及团队教练的复盘迭代模块内容，目的是打造加瓦团队教练三高五力模型中的学习力。

## 项目背景

E 公司是国内上市的高科技领域领军企业，企业并没有受到 2020 年的疫情影响，正处于超速发展阶段。在过去的 5 年，E 公司凭借在大数据及智能硬件产品方面的优势，收入规模增长两倍以上，在国内多个城市建立了研发和制造中心。于是，一批年轻人很快被提拔到管理岗位。本项目主要针对这批年轻的中层干部，培养和提升他们的管理能力。

## 诊断、签约与目标

团队教练经过访谈和调研发现 E 公司的现状是：一方面，在公司规模扩张后，一批业务骨干被"拔苗助长"到管理岗位；另一方面，新晋升的中层管理干部的管理和领导能力不足，导致公司"管理灾难"层出不穷。本项目的利益相关者需求调研如表 C8-1 所示。

表 C8-1 利益相关者的需求调研

| 利益相关者 | 需求调研 | 关注价值 |
|---|---|---|
| 公司副总裁 | ・既分管业务也分管人力资源<br>・年轻的中层干部管理能力和带团队经验不足<br>・中层管理团队的工作总结浮于表面和形式，需要管理思维的转变 | ・管理能力提升<br>・工作复盘与经验萃取 |
| 培训负责人 | ・公司规模增长很快，而负责培训的人手不足<br>・对团队教练的线上和线下结合工作坊能否满足培训的需求存在怀疑 | ・完善的培训方案与服务 |
| 中层干部 | ・公司的精益管理推行很长时间，会议已经很多，每天疲于奔命，没时间参加培训 | ・培训收获 |

根据利益相关者的调研和诊断，尤其是针对核心利益相关者（公司副总裁）的需求，团队教练推荐了加瓦系统化复盘工作坊和教练辅导的实施方案。加瓦系统化复盘是一套能够触达底层能力和心智的复盘方法论，打破传统复盘"行动方案优化到极致、绩效依旧听天由命"的困局。加瓦系统化复盘与传统复盘项目的差异与亮点在于，通过引入多种管理和教练工具，将传统复盘提升到了能力和心智的系统化层面进行复盘，而且会从利益相关方视角、直升机视角、潜望镜视角等多维角度、多重手段来进行工作复盘和管理经验萃取。此次针对 E 公司的加瓦系统化复盘系列工作坊和教练辅导的主要目标如下。

一是帮助团队从系统的视角去分析解决问题，完成团队系统观的升维。

二是将团队失败和成功经验与新的动态趋势做联结，培养团队成员对变化的"敏捷嗅觉"。

三是将复盘变成团队成员探索集体心智模式的契机，使其在心智模式上实现集体突破。

## 工作坊设计、实施与辅导

根据客户的调研和需求，团队教练设计了线下和线上、工作坊与教练辅导相结合的加瓦系统化复盘与管理经验萃取项目实施方案，帮助 E 公司中层管理团队实现从经验、能力到系统、心智层面的管理能力升级。

线下工作坊：团队教练依据学习的渐进性，将现场的工作坊学习分为初阶和高阶两次复盘工作坊，每次两天。在工作坊现场，主教练带领学员"练兵"，对复盘和工作经验萃取等工具、理论、知识进行集中学习与演练。

线上复盘辅导：每次线下现场工作坊结束后，教练给学员布置相应作业，要求学员在自己的工作场景中应用两次工作坊所学到的工具和方法，完成实际工作的复盘和总结；同时，团队教练组织四次线上辅导，学员拿出自己设计的相关复盘会议流程，进行线上复盘会议的引导和演练，团队教练进行点评与指导。

**初阶复盘工作坊及线下辅导**

在初阶复盘工作坊中，要求学员掌握一套简便、结构化的复盘四步法，能够独立完成个人工作复盘，也能够使用团队引导技术完成一场团队工作复盘。初阶复盘工作坊及教练辅导流程如图 C8-1 所示。

图 C8-1　初阶复盘工作坊及教练辅导流程

（1）复盘四步法工作坊。

复盘四步法的原则、流程、知识点及工具如图 C8-2 所示。

复盘过程中的要点是每一步都要带领学员进行反思。在回顾目标时，反思团队对于目标是否存在共识；在评估结果时，反思团队是否有关键利益相关者的视角；在分析原因时，反思团队是否在心智层面打破旧假设，建立新的假设；在总结经验阶段，反思团队是否清晰地定义了经验规律的适用情景，避免经验的固守和僵化。

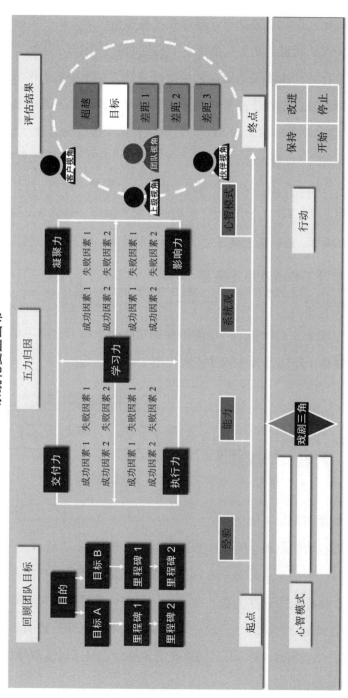

图 C8-2 系统化复盘画布

(2)初阶复盘线上演练。

初阶线下两天课程结束后,还需要进行强化才能巩固。因此,团队教练组织学员进行了两次线上的辅导。两次辅导分别采用了虚拟课题和真实课题的演练,再次巩固大家线下所学知识与工具。团队教练在线上辅导过程中采取了问题答疑、教练赋能、话题预热、团队评优这四项举措,保障了学员对线上辅导的热情和积极参与。

**高阶复盘工作坊及线下辅导**

(1)高阶复盘工作坊的课程设计如表C8-2所示。

表C8-2　高阶复盘工作坊的课程设计

| 步骤 | 工作坊设计 | 目标 |
| --- | --- | --- |
| 一 | 隐喻故事 | 调动能量,促进深思,找回动力 |
| 二 | 教练六问 | 复盘不仅复过去的盘,也可以复未来的盘 |
| 三 | 挑战共识 | 调动全员参与,彼此深度倾听 |
| 四 | 冲浪体验 | 在系统中通过身体站位体验不同,找到共识 |
| 五 | 五力归因 | 承接共识挑战,对比迭代,形成系统化思维 |
| 六 | 戏剧三角心智反转 | 深潜到心智层面,用即兴戏剧呈现 |
| 七 | 实战练兵 | 针对真实工作会议场景,完成标准化复盘会议流程模板 |

(2)高阶线上辅导。

高阶线下工作坊结束后,教练团队向参训学员布置作业,课后针对学员实际工作进行1.0版的会议复盘。在线上辅导时,由分组学员分别对其1.0版本会议复盘过程进行引导,团队教练对其引导再进行辅导和纠偏,两次线上辅导结束后,学员输出2.0版可实操的、真实工作场景的12套会议复盘流程。在线上复盘会议的引导过程中,当学员在引导环节出现对工具理解有误、流程卡顿等情况时,团队教练要及时澄清工具概念,并感同身受地站在学员角度协助进行正确引导示范,帮助学员将正确的引导过程记录和沉淀下来。

## 总结与反馈

团队教练针对此次加瓦系统化复盘项目总结如下：

（1）团队教练的状态。在线下工作坊引导过程中，教练要具备足够的灵活度，保持中正位置，提升自信度，在任何条件下都要以为客户创造价值为目标。

（2）与学员共舞。一场成功的工作坊也是教练与学员密切协作的结果。团队教练在工作坊现场要与学员形成盟友，一起伴随学员个体与组织共同进化，达成心智层面升级。

（3）团队教练的系统性思维。团队教练在设计工作坊以及在实施过程中，要看到整个系统并对工作坊的实施有清晰的逻辑层次。只有这样，才能在现场出现问题时，清晰地判断问题所在，并提供相应的工具和方法进行化解。

---

**部分团队成员感悟**

团队成员1："通过教练六问，让自己照镜子，激发深度思考。这是一个特别棒的环节，它全面梳理了问题所在，再加上教练强有力的问题，让我们的反思更加深入骨髓。"

团队成员2："工作坊的两阶段设计，使得复盘学习逐步深入，不仅在事的层面进行了复盘，而且深入到问题背后的心智模式层面，这样才能从根本上解决问题。"

团队成员3："线上辅导环节的设计非常好，不仅方便在岗学习，而且线上环节的设计，如问题答疑、小组评比等，既巩固了大家线下所学，也激发了大家的学习动力。"

# 后　记

# 时代的召唤

　　北京的春天已是满眼的花枝绿叶，透露着盎然生机。我们这本书经过几位作者大半年的辛勤努力终于杀青完稿了。这本书既是作者们十多年学习、应用和推广教练的总结，也是中国教练事业从无到有历程的见证和记录，我们的心情无疑是轻松而愉悦的。

　　西方现代教练学和职业兴起于20世纪80年代的欧美，在20世纪90年代中期通过一些外资公司的高管培训和具有港澳背景的培训公司等渠道引入中国内地。我们看到，现代教练行业依然是一个年轻和蓬勃发展的行业，而且中国的教练学也一直紧跟着西方教练学的发展和应用。从教练行业发展的全球历史来看，教练学的兴起和发展离不开两种力量，一是社会、经济、人文环境的需求变化，二是心理学、组织行为学、管理学及人类潜能开发等学科的发展。

　　进入21世纪以来，科学技术的快速发展引发了社会和经济环境的急剧变化。尤其是移动互联网5G、云计算、物联网、大数据等信息技术的快速演进，加速了信息的流动，提高了人类协同工作的效率，快速改变着人类的生存方式。这种因科技进步造成的生活和工作的急剧变化,也给人类带来了很多心理压力。同时,这个时代出生和成长的新生代对于生存和物质的需求基本得到了满足,而他们在自尊、自我实现方面的高层精神需求却越发突出。这些新生代进入社会和职场,必将对教练行业产生新的挑战,也必将催生对教练行业的新需求。

我们在追溯教练发展的源头时,发现一批心理学家,尤其以人本主义心理学家为代表,如亚伯拉罕·马斯洛、卡尔·罗杰斯和弗里茨·珀尔斯等,为教练学提供了最初的理论和模型。人类进入21世纪,在人本主义心理学和人类潜能研究的推动下,以研究人类积极心理品质、关注人类健康幸福与和谐发展为主旨的积极心理学开始建立,其标志是塞利格曼和契克森特米哈伊在2000年1月发表的论文《积极心理学导论》。在未来,积极心理学的发展也必然会为教练学提供新的理论范式和模型工具,从而促进教练学的持续演进。

回顾教练学发展的历史并展望其未来,教练行业的发展需要关注以下几个方面。

(1)教练知识体系的统一性与开放性:教练学起源于多个独立学科,在实践中十分强调互动和灵活性,当前的从业者有着不同的学科和工作背景。这些因素导致不同学科背景的教练在实践中采用的知识体系和教练模式缺乏统一性。这不仅导致教练学缺乏核心的原则和理论,不能真正发展成为一门学科,同时也使得专业教练的培训和认证缺乏固定的标准。完善教练的知识体系,从教练的基本学科中抽取模型和理论,才能在未来有效地培养符合职业道德水平、具有专业素养的教练人才。但是,我们也要注意到,教练行业是一个年轻的行业,教练学也是实践性很强的学问,一直在吸收其他多种学科的研究成果。因此,教练这一学科一定要在实践中保持开放性,在统一知识体系时不能僵化,如此才能保持教练行业的健康成长。

（2）以客户需求为导向的教练实践与创新：教练学从产生之时就是一门实践的学科。教练学的理论和模型大量来自人本主义心理学、积极心理学和人类潜能开发研究。因此，教练学本身就是以客户的人本需求为导向的实践活动。为了保证这种实践活动的有效性，教练方法也更倾向于客户导向，更具有互动性，不拘泥于理论而更具有创新性。

（3）西方教练学融合东方文明的持续演化：现代教练学产生于西方，西方教练学的源头可以追溯到心理学、管理学和体育运动等方面的西方科学研究，而西方科学研究的源头来自西方哲学，西方哲学的起源是希腊三贤（苏格拉底、柏拉图和亚里士多德）所代表的古希腊哲学，因此，古希腊哲学中的人文思想奠定了西方教练学的人本核心。中国文化作为唯一传承未断的四大古代文明之一，是广博而深邃的人类文明结晶。中国文化中的东方哲学思想比西方哲学更加悠久。在中国，最早推广教练学的先行者们也曾尝试将中国的儒家和道家学说融合到教练学中。积极心理学家近些年提出并被教练行业所使用的心理学概念，如正念、沉浸式体验等，其实也来自佛教和道家的禅定修炼。随着西方教练学在中国进行本土化，我们相信中国的教练学发展一定会与东方文明进行融合，并持续演化出一条特色之路。

近两年国内各地的疫情管控也推动了加瓦线上的教练认证和培训直播活动如火如荼地开展。近几年来一直和加瓦合作，并已开办九期系统性团队教练认证课程的英国高管教练学院的约翰院长，也于2021年策划和推动中国国内首期线上认证课程。此起彼伏的疫情也让我们有更多的时间坐下来冷静思考，客观上加速了这本书的面世。为了纾解疫情对人心理造成的影响，国内推动积极心理学研究和应用的清华大学彭凯平教授和团体心理治疗专家樊富珉教授也带领团队在线上为广大医务人员、患者和居家隔离的大众开展心理辅导。2020年加瓦也组织、引进并翻译了《健康教练》一书，加瓦创始人黄学焦院长还应邀在"2020健康中国行动高峰论坛"上做了有关健康教练的主题发言,为国内的抗疫工作增添了一分色彩。

经过这场疫情的洗礼,相信人类会更加关注人与自然的和谐共存,也会更加关注人类的健康,尤其是心理健康。积极的心理是我们抵御疫情的内在力量,而吸收了积极心理学研究成果的教练学也必然成为未来人们在职场和生活中克服挑战、拓展内在潜能的有效手段!

祝愿中国的教练学能够结合中西方优秀的人类精神遗产,在中国崛起的时代大放异彩!

李宁

# 参 考 文 献

[1] 色诺芬.回忆苏格拉底[M].吴永泉,译.北京:商务印书馆,1984.
[2] 王国轩.大学·中庸[M].北京:中华书局,2016.
[3] 惠特默.高绩效教练(原书第5版)[M].徐中,姜瑞,佛影,译.北京:机械工业出版社,2018.
[4] 万丽华,蓝旭.孟子[M].北京:中华书局,2016.
[5] 阿特金森.高级隐喻:故事转化生命[M].吴佳,王利娟,杨兰,译.北京:华夏出版社,2018.
[6] 方勇.庄子[M].北京:中华书局,2010.
[7] 泰勒.科学管理原理[M].马风才,译.北京:机械工业出版社,2021.
[8] 德鲁克.管理:使命、责任、实践[M].陈驯,译.北京:机械工业出版社,2019.
[9] 德鲁克.卓有成效的管理者[M].许是祥,译.北京:机械工业出版社,2007.
[10] 柯维.高效能人士的七个习惯(20周年纪念版)[M].高新勇,王亦兵,葛雪蕾,译.北京:中国青年出版社,2010.
[11] 柯维.高效能人士的第八个习惯:从效能迈向卓越[M].陈允明,王亦兵,梁有昶,译.北京:中国青年出版社,2021.
[12] 圣吉.第五项修炼:学习型组织的艺术与实践[M].张成林,译.北京:中信出版社,2018.
[13] 加尔韦.身心合一的奇迹力量[M].于娟娟,译.北京:华夏出版社,2013.
[14] 霍金斯.高绩效团队教练(第2版)[M].陈绰,徐颖丽,周晓茹,译.北京:中国人民大学出版社,2018.
[15] 霍金斯.高绩效团队教练(实战篇)[M].韩玉堂,徐崛,罗涛,译.北京:中国人民大学出版社,2019.
[16] 张景,张松辉.道德经[M].北京:中华书局,2021.
[17] 库泽斯,波斯纳,碧柯.培养卓越领导者的教练指南:领越领导力教练模型、工具和流程[M].黄学焦,胡丹,李鹏,译.北京:电子工业出版社,2013.

[18] 迪尔茨. 从教练到唤醒者：NLP 人生成功宝典 [M]. 黄学焦，李康诚，译. 郑州：河南人民出版社，2009.

[19] 库泽斯，波斯纳. 领导力：如何在组织中成就卓越（第 5 版）[M]. 徐中，周政，王俊杰，译. 北京：电子工业出版社，2013.

[20] 布洛克. 教练技术：教练学演变全鉴 [M]. 梁立邦，译，北京：北京联合出版公司，2016.

[21] 弗里曼. 战略管理：利益相关者方法 [M]. 王彦华，梁豪，译. 上海：上海译文出版社，2006.

[22] 佩勒林. 4D 卓越团队：美国宇航局的管理法则 [M]. 李雪柏，译. 北京：中华工商联合出版社，2014.

[23] 莫瑞儿. 遇墙皆是门：超越变革的阻力 [M]. 王雷，译. 北京：清华大学出版社，2018.